记住祖先

中华姓氏寻根举隅

高洪雷 编著

人民文学出版社

图书在版编目（CIP）数据

记住祖先：中华姓氏寻根举隅 / 高洪雷编著. —北京：人民文学出版社，2021

ISBN 978-7-02-012776-4

Ⅰ.①记… Ⅱ.①高… Ⅲ.①姓氏—史料—中国 Ⅳ.①K820.9

中国版本图书馆CIP数据核字（2021）第169580号

责任编辑　付如初
装帧设计　陶　雷
责任校对　李义洲
责任印制　王重艺

出版发行　**人民文学出版社**
社　　址　**北京市朝内大街166号**
邮政编码　**100705**

印　　刷　**北京盛通印刷股份有限公司**
经　　销　**全国新华书店等**

字　　数　99千字
开　　本　787毫米×1092毫米　1/32
印　　张　7　插页　2
印　　数　1—20000
版　　次　2021年9月北京第1版
印　　次　2021年9月第1次印刷

书　　号　978-7-02-012776-4
定　　价　45.00元

作者简介

高洪雷

　　1964年生，山东新泰人，作家，20世纪90年代开始发表散文、随笔、专著，长期致力于政治、经济、文化、民族史、人类学、地质学研究，擅长历史类大众科普、纪实文学创作，作品有《大写西域》《另一种文明》《楼兰啊，楼兰》《丝绸之路——从蓬莱到罗马》等。代表作《另一半中国史》已被译成维吾尔文、蒙古文、哈萨克文、柯尔克孜文、锡伯文、韩文等7种文字出版，《大写西域》获"徐迟报告文学奖"，《中华民族的故事》被出版商务周报与中国出版协会评为年度桂冠童书。

目 录

我从哪里来（代序）

　　中国汉字，大概形成于距今 6000 年左右的母系氏族社会。当时的古人出于对大自然的敬畏与崇拜，把某些动物、植物、自然现象和婚育过程，当作本部落的保护神、徽号或标志，刻在石头或龟背上，这就是部落图腾、象形字、甲骨文和最早的姓。也就是说，姓与汉字是相伴而生的，是名副其实的孪生兄弟；有多少个汉字，就有多少个姓氏，因为有欧阳、诸葛这样的复姓，姓氏的数量甚至比汉字还多，有23000 多个。

　　那么，为什么中华古姓姬、姜、姒、嬴、妘、妫、姚、姞、改、妊等，大都有"女"字偏旁呢？那是因为在姓诞生的母系氏族社会，女人是氏族的主宰，群婚制还在延续，人们只

1

知其母，不知其父。到了父系氏族社会，人们才把"女"字偏旁去掉，将妊姓改为任姓，姞姓改为吉姓，嬴姓改为曹姓，婤姓改为祁姓，嬶姓改为芈姓，好姓改为子姓。

氏的产生要晚于姓，姓与氏是分开的，是截然不同的两码事。"姓"的本义是"女子所生"，"氏"的本义是"大树之根"；姓是一个氏族的源头，氏是姓的分支；女子称姓，男子称氏。

而古人将姓与氏分开是富有深意的。姓是用来"别婚姻"的。母系氏族社会中后期的中国古人就感悟到了群婚制、近亲繁殖导致人种退化的弊端，下决心排除和禁止氏族内部的性关系，开始实行氏族"外婚制"。要实行"外婚制"，每一个氏族就需要一个族名作为区别与标识，这个族名就是姓。氏是用来"别贵贱"的，是政治、经济、军事象征，只有贵族才能有姓有氏，平民有名无氏。

氏相当于家族，有的以封国、采邑和居住地为氏，有的以名字为氏，有的以官职为氏，有的以谥号为氏，有的以德行为氏，有的以排行为氏。由于氏来源广泛，就造成了不同的姓拥有相同的氏，譬如先有姚姓潘国，后有姬姓潘国，其后裔都以潘为氏，但两者并无血缘关系。于是，才有了"氏同姓不同者，婚姻可通；姓同氏不同者，婚姻不可通"的婚嫁规范，进而把"同姓不婚"上升为礼法，避免了血亲通婚，契合了现代优生学原理。到了周代，"礼不娶同姓"被以法律的形式固定下来。直到唐代的《唐律》还规定，同姓结婚者，判两年徒刑。可以说，姓氏作为"远禽兽、别婚姻"的符号，是中国古人的伟大创造，是中华民族文明进步的重要标志。秦朝之后，随着宗法制度的瓦解，姓与氏方才合而为一，所以司马迁在《史记》中说汉高祖刘邦姓刘氏。

中国历来有"行不改名，坐不改姓"之说。先秦时期的帝王只为功臣赐过氏，从未赐过姓，因为姓代表血缘关系，是任何人无权赏赐的。但到了汉代之后，个别皇帝为了笼络大臣、武将和边疆民族，才将所谓的国姓赐给他们。

氏的土壤是古代宗法制度。宗法制度由父系氏族社会家长制演变而来，是氏族部落首领和后来的君主按血缘关系分配权力，以便进行世袭统治的制度，其特点是宗族与国家合二为一，宗法等级和政治等级完全一致，政权、族权、神权、夫权充分融合。氏是宗法制度和分封制共同作用的结果，其操作流程是，宗族分为大宗和小宗，天子及其嫡长子称为大宗；天子的其他嫡子和庶子，对天子称小宗。天子驾崩了，由嫡长子继承天子之位，继承天子的姓而不称氏；天子的其他儿子称为别子、支子，分封到外地做诸侯，按重视程度被封为公、侯、伯、子、男，在封地内建立宗庙和统治机构，以封地的名字为氏，别立新的宗族。在诸侯国内，诸侯及其嫡长子对天子而言称小宗，但在诸侯国内却是大宗，诸侯薨了，由嫡长子继承诸侯的爵位、封国和氏，诸侯的其他儿子作为卿大夫，得到一块封地，其封地称采邑（也叫食采、食邑），并以采邑为氏。卿大夫卒了，他的嫡长子享有大夫的官位、封地以及氏，大夫的别子作为士。士是贵族的最底层，不再分封。士人死了，他的嫡长子还是士，其他儿子则沦为平民。也就是说，每分封一次，恩泽减一级，直到封无可封，沦为平民，这就是所谓的"君子之泽，五世而斩"。如此一来，全国就构成了以天子为根基的宗法系统。另外，国家的文臣武将、圣贤后裔和前朝望族也会被封为诸侯或享受采邑。如周武王姬发建立周朝后，分封了18个非姬姓国，其中为安抚前朝遗民，商王乙的长子微子启被封为宋国公；为奖掖当朝功勋，太师姜尚长子被封为齐侯，次子被封为纪侯。分封制层层下来，中华姓氏开枝散叶，以几何数急剧膨胀，到战国时期已有数千个。

与游牧文化靠契约维持社会秩序不同，农耕文明属于定居文化。在古代依照血缘亲疏分成若干等级，联系这种等级的是血缘，维持这种等级的是礼制。家族成为国家最基本的单元，就连村庄也以姓氏命名。每个家族都有族谱、宗祠、族规、族长，起名按辈分，过年拜宗祠和家堂，行事依族规，有了纠纷由族长调解。族权维持着基层生活的运转。及至儒家文化开始主导人们的精神世界，"仁义礼智信"成为社会准则，农耕文明特有的家族文化、稳定的基层体系、与之配套的土地分配制度、极强的自我管理和自我修复能力都逐渐形成，即便遇到大灾大荒、战火硝烟仍秩序依旧、众志成城；即便是边疆民族入主中原、刀剑相逼，也无法改变民众根深蒂固的语言习惯、文化传统和行为准则，并且这些新统治者会无一例外地被中原文化同化；即便是遇到朝廷强制移民，也能实现整家族、整村庄搬迁。人走到哪里，就把祖先带到哪里，把"李家庄""杨家庄""赵家庄""王庄""孙村""周村"的姓氏符号落到哪里。

姓氏太古老、太庞杂了，有时一个氏经历过多次更改，有时一个地区曾是多个氏的封邑，因此要考证出每一个氏的得氏始祖，必须穿过幽远的历史隧道，打开尘封的历史大门，突破传统的思维定式，推翻所谓的权威书写，在寄托着一代代古人美好回忆而又注定逐步走样的口传历史——神话传说中寻求历史的本原。通过此书我愿意郑重与每一位学者、同道和读者交流，您的祖先到底是伏羲、炎帝、黄帝、蚩尤、少昊、祝融、喾、舜、禹、皋陶，还是逐鹿中原、辗转内迁的边疆民族。

"我从哪里来"，是哲学问题，也是历史问题；是血缘问题，也是文化问题。由这样一个"小问题"出发，抵达的是记住祖先、铭记历史、传承文明的"大问题"。

一、伏羲后裔——妣（风）姓

“妣”的象形字表示“男女群婚”。

伏羲，因其圣德像日月一样光明，所以称太昊。相传伏羲出生于山东省泗水县泉林、华村一带，生活在母系氏族公社时期。在经历了世纪大洪水，当地人几近灭绝的情势下，他与妹妹女娲婚配，是东夷先民，远古氏族联盟首领，被《尚书大传》列为“上古三皇”（天皇燧人氏、人皇伏羲氏、地皇神农氏）之一。他创造了华夏第一个姓——妣（风）姓，引导部众告别了族内群婚制，制定了“同姓不婚”的规矩，完成了“正姓氏，通媒妁，制嫁娶”的文明创举，使得人丁繁衍且无残疾，从而被奉为中华民族"人文始祖"。伏羲驾崩后,女娲成为氏族联盟首领,被称为娲皇、帝娲、风皇、女阴,被《风俗通》列为"上古三皇"(伏羲、女娲、神农)之一。后来,伏羲、女娲部落被炎黄部落所兼并,因此,风姓后裔形成的氏流传下来的很少。

姤(风)姓——"姤"的古象形字表示"一女与二男婚配"之意。伏羲生活的年代仍流行群婚制,于是他以表示"男女群婚"的"姤"为图腾,并以"姤"为姓。其后裔在父系氏族社会去掉"女"字偏旁,以"风"为姓。

包氏——伏羲又称庖羲,后裔取祖先的称呼为氏,其中一支后来改为包氏,是为风姓包氏。包氏历史名人有被誉为"包青天"的北宋枢密副使(主管军事的枢密院副长官)包拯。

伏氏——伏羲后裔取单字伏为氏,是为风姓伏氏。名人有东汉大司徒(掌管民政,东汉三公之一)伏湛、光禄勋(九卿之一,总领宫内事务)伏黯。

宓氏——古代伏、宓同音,伏羲又叫宓羲。其一支后裔取宓为氏，是为风姓宓氏。宓氏后人有孔子的弟子宓不齐。

昊氏——伏羲称太昊氏，其后裔以昊为氏，是为风姓昊氏。

人氏——伏羲被称为人皇氏，其后裔以人为氏，是为风姓人氏。商代有人夷（也叫夷方、尸方，位于山东省一带），商末被灭国，其后裔以故国为氏。后人有明朝琼州卫左所百户人杰。

冎（guō）氏——女娲氏后裔本以先祖名"娲"为氏，在父系氏族社会去"女"旁改为冎氏，是为风姓冎氏。后人有宋朝进士（殿试及第者）冎辅。

典氏——伏羲与女娲之子为少典氏，其后裔取氏族名称为氏，是为风姓典氏。名人有三国时期魏国校尉（武官，仅次于将军）典韦。

希氏——伏羲又称伏希，女娲号女希，其一支后裔称希氏，是为风姓希氏。后人有宋朝淮南发运副使（主掌漕运事宜的发运司副长官）希绩、清朝嘉庆年间进士希昔。

蹇（jiǎn）氏——伏羲的大臣蹇修的后裔以祖名为氏，

3

是为风姓蹇氏。宋国名士蹇叔被秦穆公拜为相，与百里奚一起辅佐秦穆公成就了春秋霸业，其后裔以祖名为氏，是为子姓蹇氏。魏国大夫蹇重是魏文侯的谋臣，其后裔以祖名为氏，是为姬姓蹇氏。名人有明朝少师（辅佐皇帝的官员，仅次于太师）兼吏部（六部之一，掌管人事任免）尚书（最高长官）蹇贤。

謇（jiǎn）氏——与蹇氏同源，蹇修的一支后裔取蹇的同音字謇为氏。名人有唐朝司农卿（掌管农业和粮食的长官）謇宗儒。

寋（jiǎn）氏——与蹇氏同源，蹇修的一支后裔取蹇的同音字寋为氏。后人有汉代南海郡丞寋祗、南宋进士寋克谐。

宛氏——伏羲的老师宛华的后裔以祖名为氏，是为风姓宛氏。黄帝的大臣宛朐的后裔以祖名为氏，是为姬姓宛氏。郑国公孙宛春，被楚国拜为大夫，以正直贤仁著称；其支孙以祖名为氏，是为姬姓宛氏。

后氏——伏羲之孙后照的后裔称后氏，是为风姓后氏。共工的儿子句龙，在黄帝时期担任后土（掌管山川土地及农业），其后裔先后称后土氏、后氏，是为姜姓后氏。鲁孝公将儿子巩封于郈邑（今山东省东平东部），史称郈惠伯，其后裔先后称郈氏、后氏。后人有孔子弟子后处。

照氏——与风姓后氏同源。后照的一支后裔称照氏。名人有燕国大夫照煞。

巴氏——后照定居于巴水（今四川省东部），其后裔以居住地称巴氏，是为风姓巴氏。周朝贵族被封于巴（今四川省旺岗），子爵，后被秦国吞并，其后裔以故国为氏，是为姬姓巴氏。

袭氏——秦汉时期，一支巴人后裔居住在湘、川一带，被称为宾人。宾人七姓之一有袭氏，是为风姓袭氏。后人有明代教育家袭勖（xù）。

庹（tuǒ）氏——巴人（宾人）七姓之一度氏，在宋元之交改为庹氏。土家族土司田虎作乱，其子田宗朝为避祸改为庹氏。后人有明朝南阳卫指挥庹五常。

女氏——相传远古部落首领把弟弟瑀封在女水之阳（今山东省淄博市临淄区东南），世称女皇，其后代以封地为氏，

5

是为风姓女氏。商汤的两名贤臣一个叫女鸠，一个叫女房，其后裔以女为氏，是为姚姓女氏。后人有夏帝少康的大臣女艾。

汝氏——女娲氏的一支居住在汝水，以水为氏。周平王将幼子武封于汝水（今河南省汝阳、汝州一带），侯爵，其后裔以国为氏，是为姬姓汝氏。名人有晋国大夫汝宽。

宿氏——中国古代有一套政治礼制，叫"二王后三恪"。恪，意为尊敬。按照这套制度，新王朝建立后，都会给前朝王室的后代封爵位、赠封邑，以示对前朝的尊敬，并标明本朝的正统地位。封前二朝的后代叫"二王后"，封前三朝的后代叫"三恪"。周武王灭商后，将伏羲后人封于宿（今山东省东平县东），其后裔以国为氏，是为风姓宿氏。后人有明朝刑部（六部之一，掌管刑法、狱讼事务）员外郎（刑部下辖司的副官）宿进。

柏氏——柏皇氏首领伏显，是伏羲、女娲之后的部落联盟女首领。其后裔被周公旦封于柏（今河南省西平县柏亭），子爵，后被楚国所灭，后裔以故国为氏，是为风姓柏氏。少昊后裔伯益，又称柏翳，其后裔以柏为氏，是为嬴姓柏氏。名人有清代书法家柏谦。

百氏——柏皇氏后裔的一支称百氏，是为风姓百氏。名人有西汉义军领袖百政。

栗氏——伏羲部落栗陆氏的后代，取氏族名称为氏，是为风姓栗氏。

巢氏——伏羲部落有巢氏建有古巢国（今安徽省巢湖市），其后裔以巢为氏，是为风姓巢氏。名人有东汉司空（掌管工程，东汉三公之一）巢堪。

有氏——有巢氏的后裔以有为氏，是为风姓有氏。孔子弟子冉求，字子有，其一支后裔以有为氏，是为姬姓有氏。名人有汉朝光禄勋有光。

敦氏——伏羲部落混沌（浑敦）氏，又称盘古氏，是远古氏族联盟首领，活动在今河南省漯河、济源一带，其后裔称浑氏、混氏、敦氏，是为风姓敦氏。姞姓后裔被封于敦丘（今河南省温县），其后代以封地为氏，是为姞姓敦氏。明代保定推官（案件审判官）敦铎出自敦氏。

尊氏——伏羲部落尊卢氏的后裔，以尊为氏，是为风姓尊氏。明朝太湖县丞尊德出自尊氏。

怀氏——伏羲部落无怀氏，曾担纲氏族联盟首领，其辖区鸡犬之声相闻，老死不相往来，是理想的氏族公社，其后人以怀为氏，是为风姓怀氏。出自赤狄人的隗姓，被称为"怀姓九宗"。周公旦灭古唐国后，将"怀姓九宗"连同怀邑（今河南省武陟县）划归了唐叔虞，唐叔虞的支孙以怀为氏，是为姬姓怀氏。楚怀王的后人以怀为氏，是楚国大族，刘邦曾下令把楚国昭、屈、景、怀、田五姓公族迁于关中。名人有三国时期吴国尚书郎（尚书省各曹的官员）怀叙。

葛氏——伏羲部落葛天氏，建有葛国（今河南省宁陵县北），从夏代开始在名义上归伯益长子大廉管理，直到末代葛伯王葛乙被鲁国、宋国所灭，葛国后裔先后以葛天、葛伯、葛为氏，是为风姓葛氏。名人有东晋医学家葛洪、南宋宰相葛邲、清朝定海总兵（绿营兵长官，正二品）葛云飞。

诸葛氏——葛伯的一支后裔迁居今山东省诸城，以诸葛为氏，其主要成员为风姓诸葛氏，少数为大廉后裔的嬴姓诸葛氏。历史人物有蜀汉丞相诸葛亮。

颛臾（zhuān yú）氏——伏羲部落在远古时代建有风姓颛臾方国，其后裔被周成王封于颛臾（今山东省平邑县柏林镇固城村），任务是祭祀蒙山，春秋初期成为鲁国附庸，后被楚国所灭，后裔分别以颛臾、颛、臾为氏。明代广东省海丰县丞（县令的助手）臾信出自臾氏。

郝氏——中国一百大姓氏之一。伏羲的大臣郝省氏后来形成国家。商王乙的庶子子期，被帝乙封于郝乡（今山西省太原市东北），其后人以封地为氏。名人有唐朝宰相郝处俊、元朝外交家郝经。

赫氏——伏羲部落赫胥氏后裔以赫为氏，是为风姓赫氏。商纣王的叔父箕（jī）子，因犯颜直谏，被商纣王流放到赫邑（今贵州省赫章县），后来箕子挟四千族人北迁朝鲜，未与箕子同行的族人以邑为氏，是为子姓赫氏。

炀（yáng）氏——伏羲与女娲将十个儿子取名"叶"（旸、阳），分居于炀山（今陕西省西安市一带），其后裔多以居邑为氏，是为风姓炀氏。该支炀氏奉伏羲、女娲为得姓始祖，与商汤后裔形成的汤氏读音不同，且不与子姓汤氏合谱。名人有明代戏曲家汤显祖。

匙氏——出自风姓汤氏。汤氏后裔在春秋晚期被越王贬斥到匙地（今福建省邵武市），其后裔以居地为氏，称匙氏。明朝都指挥使（地方军事长官）匙北钥出自该氏。

律氏——汤氏后裔被封于日律（今河南省固始县），其后裔先后称日律氏、汤律氏、律氏，是为风姓律氏。

冒氏——汤氏后裔被周公旦封于冒邑者（今安徽省宿州砀山），其后裔以居邑为氏，称风姓冒氏。楚国君主蚡（梦）冒的后裔以冒为氏，是为芈姓冒氏。名人有明末清初文学家冒襄（辟疆）、近代学者冒鹤亭。

汪氏——中国一百大姓氏之一。防风氏乃伏羲后裔，后投靠蚩尤。蚩尤战败被杀后，防风氏南逃江浙，建立防风国。禹担任部落联盟首领后，在会稽山召见各部落，防风氏因为迟到被杀，其后裔为避难改称汪罔氏，商代简称汪氏，是为风姓汪氏。鲁成公的庶子公子汪食采于平阳（今山东省新泰市），其子汪诵以父字为氏，是为姬姓汪氏。

东方氏——伏羲创制的八卦以东方为尊，其一支后裔以方位为氏，是为风姓东方氏。后人有西汉文学家东方朔。

巫氏——伏羲后裔建有巫咸国（今巫山），其后裔以巫为氏，是为风姓巫氏。黄帝大臣巫彭精通医术，其后人以巫为氏。商朝大臣巫咸、巫贤的后裔以巫为氏。夏、商时期设置了巫祝和巫臣，是占星、巫术、巫医之官，社会地位显赫，其后人以官职为氏。后人有汉代冀州刺史（朝廷派驻各州的检察官）巫捷、明朝新喻知县（县行政长官）巫子肖。

东氏——舜有雄陶、方回、续牙、伯阳、东不訾、秦不虚、灵甫七位友人，其中的东不訾是伏羲的后裔。东不訾的一支后裔以东为氏，是为风姓东氏。后人有明朝御史（监察官员）东郊。

练氏——东不訾九十六代孙东何，任唐总管府录事参军，随唐太宗征伐高句丽，因大破辽东城，被唐太宗封为岐山侯，赐姓练。后人有宋朝朝请大夫（文散官）练定。

淮氏——定居于淮河流域的东夷分支淮夷，以氏族名称为氏，是为风姓淮氏。汉代，淮南王刘安因叛乱被杀，幸存的刘安族人为避难改姓淮，是为姬姓淮氏。清代进士淮修鳞出自淮氏。

沅氏——伏羲后人建有古沅国（今湖南省沅江），其后裔以国为氏，是为风姓沅氏。

妊姓——出于对生殖的崇拜，伏羲的一个部落以"妊"为图腾，取妊为姓，为"上古八大姓"之一。此姓后来被黄帝的儿子禺阳继承和拥有。

寺氏——妊姓后裔被周朝封于郈（今山东省济宁市任城区唐口镇郈下郝村），春秋时期被鲁国所灭，其后裔去"邑"以寺为氏，是为妊姓寺氏。

二、炎帝后裔——姜姓

"姜"的象形字本义是"头戴装饰的女人",也就是"美女"。

炎帝,"上古三皇"(据《尚书大传》《帝王世纪》《三字经》)之一,姓伊耆,名石年,称神农氏、烈山氏,传说是燧人氏后裔,出生在厉山,生长在姜水(今陕西省岐山县)。姜姓始祖,在伏羲、女娲之后成为部落联盟首领。他以火德王,所以称炎帝,又被称为地皇、赤帝。执政后期与黄帝结成联盟,与以蚩尤为首的九黎部落联盟爆发涿鹿之战。战后,炎帝部落被日渐强盛的黄帝部落兼并,姜姓分支流传到今天的仍有数百个。

姜姓——中国一百大姓氏之一。传说炎帝生长在姜水，也就是以"美女"命名的一条河，以表示"美女"的"姜"为姓。后人有西周太师（负责教授太子知识，位列三公）姜尚（字子牙）、南宋词人姜夔。

农氏——炎帝本为姜水流域部落首领，以发明农具、教民稼穑著称于史，世号神农氏，被后世尊为农神。神农氏有个儿子叫柱，又叫农，其支孙以农为氏，是为姜姓农氏。后人有民国初年天津爱国实业家农劲荪（sūn）。

侬氏——神农氏后裔农氏的一支称侬氏。唐代西南部少数民族称侬氏。名人有宋代广源州起义领袖侬智高。

司氏——神农时期设有司怪，是专职从事占卜祸福、解释当今、预测未来的神职人员，其后裔以司为氏，是为姜姓司氏。司马（主管军事的官员）、司空（主管水利和土木工程的官员）、司徒（主管土地和民众教化的官员）、司寇（主管刑狱的官员）的后裔以祖上官职为氏，后简化为单姓司。名人有明代《训蒙骈句》的作者司守谦。

厉氏——传说炎帝生于厉山（列山，又称烈山），其后

14

裔在周代建有厉国（今湖北省随县厉乡），后改名赖国，后裔以先国为氏，是为姜姓厉氏。齐侯姜无忌，谥号"厉"，史称齐厉公，其支孙以祖父谥号为氏，为姜姓厉氏。

励氏——出自厉氏，清朝刑部右侍郎（副长官）厉杜讷被康熙帝赐为励氏。名人有清朝刑部尚书励廷仪。

列氏——传说炎帝生于列山，其后裔以列为氏，是为姜姓列氏。

山氏——传说炎帝生于烈山，故号烈山氏，其一支后裔以山为氏，是为姜姓山氏。名人有西晋"竹林七贤"之一的山涛。

大氏——炎帝号称大庭氏，其后裔以大庭为氏，其中一支简化为大氏，是为姜姓大氏。

茶氏——炎帝驾崩后葬于茶陵（今湖南省茶陵县东部），其护陵人以茶为氏，是为姜姓茶氏。后人有明朝宝坻知县茶孟元。

沙氏——炎帝大臣夙沙氏的后裔夙沙卫，是齐国大夫，其后裔以沙为氏，是为姜姓沙氏。微子启后裔被封于沙邑（今河北省大名县），伯爵，其支孙以沙为氏，是为子姓沙氏。

路氏——炎帝庶子被黄帝封于潞（今山西省长治市潞城区），后被晋灭国，其后人去"水"以路为氏，是为姜姓路氏。帝喾之孙玄元被尧封为路中侯，其后代以国为氏，是为姬姓路氏。陆终四子求言受封于路邑（今北京市通州区），其后代以邑为氏，是为妘姓路氏。名人有明朝兵部（六部之一，掌管军事）尚书路迎。

隗（wěi，kuí）氏——魁隗（kuí）氏是炎帝部落继神农氏之后的第二位部落首领，其后人在父系氏族社会去掉"女"字偏旁，称大隗氏，建都于大隗山（今河南省新密市大隗镇）。夏朝贵族被商汤封于隗（今湖北省秭归县东南），建立妘姓隗国，后被楚国所灭，其后裔以故国为氏，是为姒姓隗氏。名人有秦国丞相隗林、汉末枭雄隗嚣。

生氏——炎帝后裔筍生的子孙，以生为氏，是为姜姓生氏。蔡国大夫归生的支孙以祖名为氏，是为姜姓生氏。明代浙江省桐乡知县生用和出自该氏。

共氏——炎帝的玄孙共工居住在共地（今河南省辉县

16

市），以治理洪水闻名于史，其后人以共为氏，是为姜姓共氏。名人有秦末农民起义领袖共敖。

供氏——共氏的一支改称供氏。后人有明代攸县县丞供仲序。

恭氏——古代共、恭通用，共工一支后裔称恭氏，是为姜姓恭氏。晋献公的太子申生遭骊姬之难，谥号"恭"，其支孙以祖父谥号为氏，是为姬姓恭氏。南北朝梁国敬姓因避梁敬帝之讳，改为恭氏，是为妫姓恭氏。名人有明朝都御史恭昭。

龚氏——中国一百大姓氏之一，出自姜姓共氏。为了避难，共氏加"龙"称龚氏。名人有清代文学家龚自珍。

洪氏——出自姜姓共氏。为了避难，一支共氏改称洪氏。名人有南宋文学家洪迈、太平天国创建者洪秀全。

药氏——炎帝后裔有药氏，是为姜姓药氏。名人有东汉南阳太守（郡行政长官）药崧（sōng）。

邰(tái)氏——帝喾的妃子姜嫄生于炎帝后裔有邰氏（在今陕西省武功县），其后裔称邰氏，是为姜姓邰氏。

岳氏——共工的侄孙伯夷，曾任颛顼（zhuān xū）帝的大祭司，后为第一代太岳，其后裔称岳氏，是为姜姓岳氏。历史人物有南宋英雄岳飞。

吕氏——中国五十大姓氏之一。伯夷被禹封于吕（今河南省南阳市西董吕村），侯爵，其后代以国为氏，是为姜姓吕氏。晋国大夫魏锜食采于吕（今山西省霍县西南），其子吕相以采邑为氏，是为姬姓吕氏。名人有秦国丞相吕不韦、汉高祖皇后吕雉、北宋宰相吕蒙正。

漆氏——伯夷之孙河，本为姜姓，隐居在漆水东岸，以水为姓，称漆氏。后人有孔子的弟子漆雕开。

许氏——中国三十大姓氏之一。依照"二王后三恪"礼制，伯夷的后裔姜文叔勉强属于"三恪"，被周朝封于许（今河南省许昌市东部），是周代诸侯国中唯一的男爵，后来南迁依附楚国，最终被楚国吞并，后人以国为氏，是为姜姓许氏。尧帝曾将首领之位让给贤人许由，许由坚辞不受，隐居箕山，箕山因此被称为许由山，其后裔以许为氏。名人有《说文解字》作者许慎、唐朝宰相许敬宗。

无氏——古鄬国即许国，鄬公的后裔称无氏，是为姜姓无氏。王茂改巨无氏为无氏。后人有明朝淳化县丞无能。

文氏——姜文叔的后裔以其字为氏，是为姜姓文氏，史称河南省文氏。孟尝君田文的支孙以其字为氏，是为妫姓文氏，是山东省文氏的源头。西伯姬昌，被后代追加称号为"文"，史称周文王，他的后裔以其称号为氏，是为姬姓文氏，是陕西省文氏的源头。卫国大臣孙林父，字文子，其后裔以其字为氏，是为姬姓文氏。代表人物是宋末民族英雄文天祥。

封氏——炎帝裔孙钜的后代被夏朝封于封父（今河南省封丘县西封父亭），后被周文王所灭，其后代以国为氏，是为姜姓封父氏，一支后裔以封为氏。名人有唐朝宰相封德彝、伊西节度使（重要地区军事长官）封常青。

巨氏——炎帝裔孙封钜曾任黄帝的老师，其一支后裔称封钜氏，后衍生为封氏、钜氏。钜氏一族后来去"金"旁称巨氏，是为姜姓巨（qǔ）氏。宋国巨毋氏的后裔，以巨为氏，是为子姓巨（jù）氏。鲁国巨子（墨家首领）的后裔以巨为氏，是为姬姓巨氏。名人有明朝监察御史（御史台副长官）巨敬。

神氏——榆罔是神农氏部落联盟最后一任君主，后被黄帝打败，其后裔以神为氏，是为姜姓神氏。后人有汉代中郎将（统领皇帝侍卫的武官）神通、明代金吾左卫指挥使（卫的长官）神忠。

竹氏——炎帝后裔姜墨如的儿子姜胎初被禹封于孤竹（今河北省卢龙县南），国君之子伯夷、叔齐以竹为氏，是为姜姓竹氏。竹氏名人有唐朝宣州刺史竹承构。

竺（zhú）氏——出自姜姓竹氏。汉代的竹晏，为避仇人改为竺氏。天竺（今印度）人进入中国称竺氏。名人有现代地理学家、气象学家、教育家竺可桢。

墨氏——与姜姓竹氏同宗。姜墨如的支孙以墨台（胎）为氏，后因避难简称墨氏。代表人物是战国初期思想家墨子。

台氏——墨台氏的一支后裔以台为氏，是为姜姓台氏。后人有唐末淮南名将台蒙。

默氏——禹封大臣姜怡于绍烈山（今湖北省随州），时称默台，姜怡后裔以封地为氏，是为姜姓默氏。后人有明朝扶风县丞默思道。

怡氏——姜怡的后裔以祖名为氏，是为姜姓怡氏。北周夏州刺史默台峰，因避难改姓怡，史称怡峰。

申氏——叔齐后裔申吕被周穆王封于申（今河南省南阳市北部），伯爵，其后人以国为氏，是为姜姓申氏。申（胜）屠氏的一支简称申氏，是为姚姓申氏。名人有战国思想家申不害、明朝内阁首辅申时行。

宇氏——出自姜姓申氏。申伯后裔以宇为氏。名人有明朝临江知府宇宾。

雷氏——中国一百大姓氏之一。黄帝打败第八代炎帝俞罔后，与俞罔的长子雷联姻，从而形成了延续千年的炎黄部落联盟。雷帮助黄帝讨伐蚩尤，被黄帝封于方山（今河南省禹州市），称方雷氏，其一支后裔取雷为氏，是为姜姓雷氏。名人有西晋天文学家雷焕。

方氏——中国一百大姓氏之一。方雷氏的一支后裔取方为氏，是为姜姓方氏。周朝大夫方叔的后裔以方为氏，是为姬姓方氏。名人有明朝名士方孝孺、清代散文家方苞、革命烈士方志敏。

殳（shū）氏——炎帝后裔伯陵同民人吴权的妻子一见钟情，私生了三个儿子，三子叫殳，是箭靶的发明者，尧封他为殳侯，赐为殳氏，是为姜姓殳氏。有虞氏族人殳斯（qiāng）是舜的大臣，其后裔以殳为氏，是为姚姓殳氏。清朝女诗人、书法家殳默出自殳氏。

薄氏——炎帝后裔被封于薄（又称亳，今山东省曹县东南），其后代以国为氏，是为姜姓薄氏。商代有薄姑国，王族先后以薄姑、薄为氏，是为子姓薄氏。宋国大夫被封于薄（今河南省商丘市北），其后人以封地为氏，是为子姓薄氏。

牟氏——炎帝厘的后裔建有姜姓牟国，于商代初期东迁山东省半岛。商代中期，姜姓牟国被东夷族鸟夷所取代，称东牟。炎帝系祝融后裔被周武王封于牟（今山东省济南市莱芜区辛庄镇赵家泉村），子爵，称牟子国，后迁到今山东省烟台市牟平区，被齐国所灭，后裔以故国为氏，是为姜姓牟氏，史称牟氏正宗。名人有东汉太尉（三公之一，朝廷最高军事长官）牟融。

逄（蜂）氏——夏、商有诸侯逄公，其后人以逄公为氏，

22

其中一支简称逄氏，是为姜姓逄氏。名人有赤眉起义领袖之一逄安。

逄（páng）氏——炎帝后裔陵被商朝封于逄（今山东省临朐市石门山），史称逄伯陵，后来逄国被周武王所灭，其后人以故国为氏，是为姜姓逄氏。夏朝弓箭手逄蒙的后代以逄为氏。

丑氏——齐国大夫逄丑父的支庶子孙以丑（niǔ）为氏，是为姜姓丑氏。共工氏之子丑的后裔以丑（hào）为氏。齐国大夫景丑的后裔以祖名丑（niǔ）为氏。吴国大夫钮宣义的后裔称钮氏，后因避祸去"金"改为丑（niǔ）氏。孟子的学生公孙丑的后裔以丑（hào）为氏。后人有明朝邵武府通判（府的副职）丑慈。

向氏——中国一百大姓氏之一。炎帝后裔被周武王封于向（今安徽省怀远县），其后代以国为氏，是为姜姓向氏。宋桓公支子向父盼卒后，其孙戍以祖名为氏，是为子姓向氏。名人有魏晋"竹林七贤"之一的向秀、北宋宰相向敏中。

焦氏——炎帝后裔被周武王封于焦（今河南省陕县焦

城），其后人以国为氏，是为姜姓焦氏。名人有河南省兰考县委书记焦裕禄。

麦氏——炎帝后裔麦人从西部东迁河南省、山东省，以麦为氏，是为姜姓麦氏，后迁往广东省、广西、海南，成为大姓。名人有清末抗英名将麦廷章。

节氏——炎帝后裔节茎的后人以节为氏，是为姜姓节氏。周朝掌节之士和秦符节令的后人，以官职为氏。名人有山东省烈士节振国。

赤氏——炎帝诸侯赤奋、赤松的后裔以赤为氏，是为姜姓赤氏。帝喾的老师赤松子的后人，以赤为氏。契又称紫氏、赤氏，其一支后裔称赤氏，是为子姓赤氏。

同氏——炎帝后裔居住在同谷（今甘肃省成县），后迁往陕西省，终被商朝所灭，其后裔以故地为氏，是为姜姓同氏。商灭同后，将支庶子孙封于同（今陕西省大荔县），其后裔以国为氏，是为子姓同氏。司马迁入狱后，其次子司马观改姓同。后人有明朝巴陵知县同子俊。

井氏——井为《周易》六十四卦之一，意为取之不尽，炎帝一支后裔取井为氏，是为姜姓井氏。后人有北洋政府陕北镇守使（省内某要地的军事长官）井岳秀。

齐氏——炎帝后裔姜尚被周文王拜为太师，后因辅佐周武王灭商，被封于齐（今山东省淄博市临淄区），一支后裔以国为氏，是为姜姓齐氏。名人有现代画家齐白石。

丘氏——姜尚建齐都于营丘（今临淄区），一支后裔以丘为氏，是为姜姓丘氏。鲁国左丘明的一支后裔以丘为氏。名人有唐朝左武侯大将军（十二卫大将军之一，正三品）丘和、元代道士丘处机、抗日名将丘逢甲。

邱氏——中国一百大姓氏之一，与姜姓丘氏同源。古代丘通邱，因姜尚定都于营丘，一支后裔加"邑"称邱氏。名人有明朝礼部尚书邱濬（jùn）、清朝兵部尚书邱元武、抗美援朝英雄邱少云。

尚氏——姜太公，名尚，号尚父，支孙以祖名为氏。名人有京剧"四大名旦"之一的尚小云。

望氏——姜尚，号太公望，其后人以望为氏，是为姜姓望氏。后人有民国初年零陵镇守使望云亭。

丁氏——中国五十大姓氏之一。姜尚的长子姜伋是周成王姬诵的重臣，又是周康王的顾命大臣，还是第二任齐侯。姜伋薨后，周朝为他定的称号是"丁"，史称齐丁公，其支孙以祖父称号为氏，是为姜姓丁氏。名人有西汉大司马骠骑将军丁明、清朝四川省总督丁宝桢、清末爱国将领丁汝昌。

纪（jǐ）氏——姜尚的次子父丁被周武王封于纪（今山东省寿光市南纪台村），伯爵，其后人以国为氏，是为姜姓纪氏。历史人物有《四库全书》总纂官纪昀。

骆氏——姜尚有个儿子名叫骆，史称公子骆，骆之子为公孙嵩，其后代以骆为氏，是为姜姓骆氏，先迁河南省内黄，后移居江南。名人有"初唐四杰"之一的骆宾王、明朝锦衣卫指挥使（掌管皇帝仪仗、侍卫和情报、巡查、缉捕，正三品）骆思恭。

绍氏——姜尚有个儿子名叫绍，子孙以其名为氏，是为姜姓绍氏。

青氏——姜尚有个儿子名叫青，子孙以其名为氏，是为姜姓青氏。黄帝之子青阳氏的后裔以青为氏，是为姬姓青氏。

名人有为民请命而自缢的明朝湖南省龙阳县典史（知县属下掌管缉捕、监狱的官员，无品级）青文胜。

年氏——姜尚有个儿子名叫年，子孙以其名为氏，是为姜姓年氏。名人有清朝名将年羹尧。

其氏——姜尚有个儿子名叫其，子孙以其为氏，是为姜姓其氏。后人有汉朝阳河侯其石、宋朝儒林郎其德林。

亓（qí）氏——姜其后裔其石，因功成为汉朝开国功臣，被封为阳河齐哀侯，延续到第七代爵位被废，后代为避祸改为亓氏，是为姜姓亓氏。春秋诸侯国都设有笄（丌、亓）官，其后代取亓官为氏，后在朱元璋倡导的改胡姓运动中改为单姓亓氏。名人有明朝太常寺（掌管礼乐）少卿（副长官）亓诗教。

綦（qí）氏——姜姓其氏的一支称綦氏。后人有清朝顺治年间进士綦汝楫。

易氏——姜尚后裔被封于易（今河北省易县），其后人为河北省易氏，是为姜姓易氏。齐大夫雍巫，字易牙，其后代以字为氏，是为姜姓易氏。晋大夫毕万的后裔食采于易水，支孙以水名为氏，是为姬姓易氏。

章氏——姜伋之孙姜虎被封于鄣（今山东省东平县接山乡鄣城村），史称鄣穆公，后被齐国所灭，末代国君鄣胡公被杀，后人散居齐地，去"邑"为章氏，是为姜姓章氏。黄帝之子（实为黄帝部落联盟）禺阳的封国鄣的后人以封国为氏，是为任姓章氏。周朝大夫方叔被追封为豫章伯，其后裔以章为氏，是为姬姓章氏。名人有北宋宰相章惇、近代思想家章太炎。

浦氏——姜尚的后裔投奔晋国，成为晋国大夫，被封于浦，其支孙以封邑为氏，是为姜姓浦氏。舜帝的裔孙被封于蒲坂（今山西省永济市蒲州），其后裔先后称蒲氏、浦氏，是为姚姓浦氏。名人有明朝监察御史浦镛。

聂氏——姜伋的庶子吕衡，被周康王封于聂北（今山东省茌平县贾寨镇），支孙以聂为氏，是为姜姓聂氏。卫国大夫食采于聂（今河南省濮阳），支孙以采邑为氏，是为姬姓聂氏。名人有音乐家聂耳。

乜（niè）氏——吕衡被封于聂北（也作"乜北"），支孙以乜为氏，是为姜姓乜氏。后人有国民革命军少将乜子彬。

崔氏——中国一百大姓氏之一。姜伋病逝时，伋的前三个嫡子早亡，嫡四子季本该继位，但季将国君之位让给同母弟叔乙（齐乙公），然后号令子孙食采于崔邑（今山东省济南市章丘区黄河镇土城村），其后人以采邑为氏，是为姜姓崔氏。名人有唐代诗人崔颢、宰相崔胤。

高氏——中国二十大姓氏之一，姜姓。齐文公赤薨后，其子脱继位为齐成公，另一个儿子公子高辞官退隐，被齐成公封于高邑（今山东省禹城市）。公子高之孙傒因迎立齐桓公有功，齐桓公命傒以祖父的字为氏，世为上卿，高傒被公认为渤海高氏始祖。齐惠公的儿子公子祁，字子高，其后代也以高为氏。名人有唐代诗人高适、明朝内阁首辅高拱、清代文学家高鹗。

卢氏——中国五十大姓氏之一。高傒食采于卢邑（今山东省济南市长清区西南），其后人以采邑为氏，是为姜姓卢氏。周代庐子国（今安徽省合肥市）的后人以卢为氏，是为妫姓卢氏。名人有东汉大儒卢植、唐代诗人卢照邻、明朝兵部左侍郎（副长官第一位）卢象升。

刁氏——齐人竖貂挥刀自宫成为宦官，深受齐桓公宠信，是齐国内乱的主角。竖貂进宫前，生有两子一女，其孙子称貂氏，后代为避先祖恶名，改以刁为氏，是为姜姓刁氏。周朝公族被封于雕（今陕西省延安市），雕、刁同音，其后人以刁为氏，是为姬姓刁氏。名人有唐代画家刁光胤、近代外交家刁作谦。

刀氏——齐国大夫竖刀（貂）的后裔，以刀为氏，是为姜姓刀氏。明朝兵部尚书王骥平定麓川（今云南省瑞丽）后，赐当地土著刀姓。后人有南唐建安太守刀彦起。

东郭氏——古称外城为郭，齐桓公姜小白的子孙住在临淄外城东门的，得封东郭大夫，后人以东郭为氏，是为姜姓东郭氏。齐国大臣东郭牙出自该氏。

南郭氏——齐桓公子孙住在临淄外城南门的，以南郭为氏，是为姜姓南郭氏。楚国司马南郭子綦出自该氏。

西郭氏——齐桓公子孙住在临淄外城西门的，以西郭为氏，是为姜姓西郭氏。晋朝秘书郎西郭阳出自该氏。

北郭氏——齐桓公子孙住在临淄外城北门的，以北郭为氏，是为姜姓北郭氏。齐国大夫北郭子车出自该氏。

孝氏——齐桓公驾崩后，齐国大乱，逃亡在外的太子昭依托宋国攻杀了齐国奸佞，成为齐国国君。昭薨后，得谥号"孝"，史称齐孝公，其支孙以祖父谥号为氏，是为姜姓孝氏。秦国国君嬴渠梁，谥号"孝"，史称秦孝公，其支孙以祖父谥号为氏，是为嬴姓孝氏。名人有宋朝靖州知州（州最高行政长官）孝发。

桓氏——齐侯小白，谥号"桓"，史称齐桓公，其支孙以祖父谥号为氏，是为姜姓桓氏。宋国国君御说，谥号"桓"，史称宋桓公，其支孙以祖父谥号为氏，是为子姓桓氏。黄帝大臣桓常的后裔以桓为氏，是为姬姓桓氏。名人有东汉太尉桓焉，东晋丞相桓温、桓玄，唐朝宰相桓彦范。

庆氏——齐桓公有一位孙子名叫庆克，庆克之子庆封被齐庄公姜购拜为上卿，改称庆氏，是为姜姓庆氏。后人有汉朝东平太守庆普。

贺氏——中国一百大姓氏之一。庆、贺同义，因避汉安帝之父刘庆的名讳，东汉侍中庆纯改为贺纯，成为贺氏始祖。名人有隋朝上柱国贺若弼、唐代诗人贺知章。

查（zhā）氏——齐顷公姜无野执政时期，封儿子于楂（今山东省济阳县），其支孙以查为氏，是为姜姓查氏。鲁庄公姬同之子姬延食采于查邑（今山东省泰安），其支孙以采邑为氏，是为姬姓查氏。名人有作家查良镛（金庸）。

阚（kàn）氏——齐国卿士止与田成子一起被齐简公姜壬拜为左右相，封于阚（今山东省汶上县西南），后来田成子发动政变，将齐简公和阚止杀死，阚止后人以封邑为氏，是为姜姓阚氏。后人有唐代越州都督（州军政长官）阚稜（léng）。

狄氏——周成王乃周武王与姜尚之女邑姜所生，周成王继位后，封舅舅孝伯于狄城（今山东省博兴县高苑镇），其后人以城邑为氏，是为姜姓狄氏。名人有唐朝宰相狄仁杰、宋朝枢密使（主管军事，从一品）狄青。

强氏——齐国大夫公孙强的支孙以祖名为氏，是为姜姓强氏。名人有唐朝大理寺（九寺之一，掌管刑狱案件审理）少卿强循。

盖（gě）氏——齐国公族欢被封于盖邑（今山东省沂水县西北），其支孙以封邑为氏，是为姜姓盖氏。名人有东汉虎牙将军盖延。

连氏——齐国大夫连称的支孙以祖名为氏，是为姜姓连氏。陆终六子季连的支孙以祖名为氏，是为芈姓连氏。

充氏——齐国公族大夫充闾的支孙以祖名为氏，是为姜姓充氏。孟子的弟子充虞出自该氏。

畅氏——齐国公族以畅为氏，是为姜姓畅氏，今集中居住在河南省。后人有唐朝户部（六部之一，掌管户籍与财经）尚书畅璀。

上氏——齐国大夫邢公的驾车人叫上之登，其后人以上为氏，是为姜姓上氏。楚国上官氏的后裔，以上为氏，是为芈姓上氏。后人有明朝进士上志。

檀氏——齐国大夫食采于檀邱（今山东省兖州区），以采邑为氏，是为姜姓檀氏。名人有南朝宋国开国元勋檀道济。

闾氏——齐国大夫闾丘婴的后人以闾为氏，是为姜姓闾氏。楚平王之子启，字子闾，其支孙以祖字为氏，是为芈姓闻氏。周朝闻师的后裔以官职为氏，是为姬姓闻氏。名人有明朝贵州省布政使（主管省行政与财政的官员）闻钲。

接氏——齐国公族接子的后裔以接为氏，是为姜姓接氏。楚国隐士接舆的后裔以祖名为氏，是为芈姓接氏。后人有明代知县接武。

三、黄帝后裔——姬姓

"姬"的象形字本义是"女子在梳妆"，引申为"漂亮女人"。

黄帝，传说姓公孙，以熊为图腾，所以称有熊氏；因出生在轩辕之丘（今河南省新郑市），所以又称轩辕氏。初居姬水（又名沮河，在今陕西省境内），因此以姬为姓。黄帝先是在阪泉将炎帝部落征服，然后与炎帝组成联盟，在涿鹿打败了以蚩尤为首的九黎部落联盟，建立了轩辕氏统辖各方国的新型部落联盟体制，开创了黄帝时代，被列入"远古五帝"（据《吕氏春秋》《礼记》《史记》）。由于黄帝在位时间长，分支部落众多，所以姬姓分支存续到现在的有数千个，人数进入前一百位的占三分之一。

姬姓——黄帝最初居住在姬水，也就是以"梳妆的女子"命名的一条河，于是以姬为姓。名人有周武王姬发。

公孙氏——黄帝最初取姓公孙。周天子的儿子为公子，公子的儿子为公孙，因为公族只包括各代国君的近亲三代，公孙之子不属于公族而须另外立氏，于是有些公孙的后裔称公孙氏，部分诸侯（公）的孙子也以公孙为氏。名人有战国改革家公孙鞅（商鞅）、西汉丞相公孙弘。

轩辕氏——黄帝曾居住在轩辕之丘，取名轩辕，其支庶后裔以名为氏，是为姬姓轩辕氏。后人有唐代隐士轩辕集。

轩氏——出自姬姓轩辕氏。轩辕氏的一支以轩为氏。名人有明朝刑部尚书轩𫐐（ní）。

鸿氏——黄帝律的儿子称帝鸿氏，其后裔称鸿氏，是为姬姓鸿氏。后人有明朝广州卫千户鸿逵。

桥氏——黄帝驾崩后葬于桥山（今陕西省黄陵县城北），为其守陵的后裔以山名为氏，是为姬姓桥氏。名人有东汉太尉桥玄。

乔氏——出自姬姓桥氏。北魏末年，因不堪忍受宰相高欢的压制，北魏平原内史桥勤随同北魏孝武帝投奔西魏宇文泰。一天，宇文泰心血来潮，称"乔"有高大望远之意，令桥勤改为乔氏。名人有南宋宰相乔行简。

昌氏——黄帝元妃嫘祖所生的次子名叫昌意，其支孙以昌为氏。名人有三国时期魏国东海太守昌豨（xī）。

乾氏——昌意之子名叫乾荒，其后裔称乾氏，是为姬姓乾氏。后人有明朝钦天监（掌管天文历法的官员）春官正（掌管四时的官员）乾思健。

采氏——黄帝次妃彤鱼氏所生的儿子名叫夷鼓，被封于采邑（今北京市通州区），其支孙以封邑为氏。名人有汉朝度辽将军采皓。

鼓氏——夷鼓的后人以祖名为氏，后简化为鼓氏，史称鼓氏正宗。中山国将军鼓须出自该氏。

张氏——中国第三大姓氏。黄帝与次妃女节生青阳（玄器），青阳有个儿子叫挥，任弓正（掌管弓箭制作），发明了弓矢，赐为张氏，封于河北省清河，是为姬姓张氏，民间有"天下张姓出清河"一说。晋国大夫解张，字张侯，其后裔以字为氏，同为姬姓张氏。历史人物有汉朝开国功臣张良、东汉天文学家张衡、清末洋务派首领张之洞。

弓氏——与张氏同宗。挥的另一支后裔以弓为氏，是为姬姓弓氏。名人有西汉末代君主孺子婴的首辅大臣弓林。

苍（仓）氏——出自姬姓。黄帝嫡子苍林的后代以苍为氏。颛顼长子苍舒（又称仓舒）的后代以苍为氏。仓颉的一支后裔称苍氏。名人有三国时期魏国敦煌太守仓慈。

卞氏——黄帝之子龙苗（实为黄帝部落联盟成员）生吾融，吾融的儿子明被封于卞（今山东省泗水县卞桥镇），史称卞明，其支孙以国为氏；曹叔振铎的支庶子孙食采于卞，其后裔以卞为氏，是为姬姓卞氏。贤士卞随，因不答应成汤让位给自己而投水自尽，其后裔取卞为氏。名人有西晋中书令（负责帮助皇帝处理密奏和政务的官员）卞粹、清朝湖南省巡抚（省军政长官）卞宝第。

虔氏——黄帝后裔封于虔（今山西省闻喜县虔聚），子孙以邑为氏，是为姬姓虔氏。名人有清朝兵部侍郎虔礼宝。

资氏——黄帝后裔食采于资中（今四川省资中县），其后裔以采邑为氏，是为姬姓资氏。后人有清朝辰州府训导资云中。

郦氏——黄帝后裔被禹封于郦邑（今河南省内乡东北），其后人以封邑为氏，是为姬姓郦氏。名人有《水经注》作者郦道元。

侍氏——汉朝广野君郦食其的后裔以食其为氏，后来他的曾孙武任侍中，改为侍其氏，再后来简称侍氏。后人有明朝永乐年间进士侍立。

蓟氏——黄帝后裔被周武王封于蓟（今北京广安门一带），公爵，后为燕国所灭，君主族人以国为氏，是为姬姓蓟氏。汉代建安名士蓟子训出自该氏。

伍氏——黄帝大臣伍胥的后代以祖名为氏，是为姬姓伍氏。楚国大夫伍参的后裔以伍为氏，是为芈姓伍氏。名人有春秋末年军事家伍子胥。

五氏——伍氏为避仇改为五氏。宋桓公第五子子五荡的后裔称五氏，是为子姓五氏。汉帝刘邦为增强关中实力，把战国六国王族后裔十多万人迁往房陵（今湖北省房县），其中齐国田氏族大人众，被主事官吏按顺序分编，由此产生了第一至第八共八个复姓，第五氏后来简称五氏。后人有明朝宜城知县五淮。

天氏——黄帝的相国天老的后裔以祖名为氏，是为姬姓天氏。

於氏——出自姬姓。黄帝的大臣则，发明了用麻编织的履，结束了古人光脚的历史，因功被封于於（今河南省内乡县），世称於则，其后代以封地为氏。黄帝之孙被封于商於（今河南省淅川县），后裔以封地为氏。明代画家於竹屋出自该氏。

化氏——黄帝大臣化狐的后裔以化为氏。后人有明代宁远知县化辉。

力氏——黄帝大臣力牧在涿鹿之战中立下殊勋，其后裔以先祖名为氏，是为姬姓力氏，史称力氏正宗。

牧氏——黄帝大臣力牧的一支后裔，以牧为氏。卫国大夫康叔被封于牧（今河南省淇县南部），其后裔以封地为氏，是为姬姓牧氏。后人有明朝武陵知县牧文正。

广氏——黄帝之师广成子，曾隐居崆峒山（今甘肃省平凉市），是古代剑仙之祖，其后裔先后称广成氏、广氏。广氏后人有南宋赣州通判广汉。

尹氏——中国一百大姓氏之一。周宣王的中兴大臣伯吉甫被拜为太师，封在尹邑（今河南省宜阳县），史称尹吉甫，其嫡子伯封以尹为氏，是为姬姓尹氏。少昊之子殷，任工正（掌管工匠营造的官员），被封于尹城（今山西省隰县东北），其后裔以封地为氏，是为嬴姓尹氏。名人有西汉东海太守尹归翁、唐朝工部尚书尹思贞。

史氏——中国一百大姓氏之一。周太史尹佚，史称史佚，因治史严谨被奉为史官楷模，与太公、周公、召公并称"四圣"，其子孙以官名为氏，是为姬姓史氏。黄帝的左史仓颉，受鸟兽足迹的启迪，和右史沮诵一起创造了文字，人称史皇，其后裔称史氏。名人有西汉大司马车骑将军（位次于大将军、骠骑将军）史高、唐朝宰相史务滋、南宋宰相史弥远、明末爱国将领史可法。

容氏——黄帝史官容成，创制了中国史上首部历法，其后代以容为氏。舜有八子，号称"八恺"，其中一个叫仲容，其后代以容为氏，是为姚姓容氏。

师氏——古代管理乐技的官和擅长乐技的人叫师。黄帝的司乐官叫师延，创制了箜篌，被奉为师氏始祖。商朝有师涓，周朝有师尹，晋国有师旷、师服，鲁国有师乙、师襄，郑国有师悝、师触，其后裔也以师为氏。名人有西汉大司马师丹。

帅氏——出自师氏。司马炎代魏立晋后，追尊伯父司马师为晋景帝，为避司马师的名讳，晋朝大司徒师昺改姓帅。名人有清朝陕西省布政使帅念祖。

颛顼后裔

传说黄帝之子昌意因才德不足，被派到若水做诸侯，然后娶蜀山氏之女昌仆为正妃，生下儿子颛顼。颛顼，姬姓，名叫乾荒，被东夷首领少昊收为养子，因辅佐少昊有功，被封于高阳（今河南省杞县高阳镇），号高阳氏。少昊驾崩后，共工氏与颛顼争夺首领之位，颛顼打败共工，主政部落联盟，被列入"远古五帝"（据《吕氏春秋》《史记》《礼记》《帝王世纪》）。他以水德为帝，又称玄帝。

濮阳氏——颛顼建都于濮阳（今河南省濮阳市），此地也被称为帝丘，其部族以地为氏，是为姬姓濮阳氏。清代诗人濮阳慎出自该氏。

莫（獏）氏——中国一百大姓氏之一。颛顼建有鄚阳城（今河北省任丘市鄚城镇），其族人去"邑"称莫氏，是为姬姓莫氏。周宣王将庶子姬余臣（姬望）封于莫（古鄚阳城），后来姬余臣被拥立为周天子，史称周携王。他在位21年后被杀，莫国也一起被灭，莫国后人以故国为氏，这是又一支姬姓莫氏。楚国莫敖的后裔以官职为氏，是为芈姓莫氏。

若氏——颛顼曾建都于若水（在今宁夏固原市东北），其支孙以水为氏，是为姬姓若氏。汉朝下邳（今江苏省睢宁县古邳镇）相若章出自该氏。

童氏——颛顼之子老童的支孙以童为氏，是为姬姓童氏。

蒙氏——老童被夏朝封到蒙山至双八之城（蒙双城），

其支孙称蒙双氏，后简化为蒙氏，是为姬姓蒙氏。名人有秦朝名将蒙恬。

双氏——与姬姓蒙氏同源。蒙双氏的一支简化为双氏。名人有三国时期魏国梁州刺史双士洛。

慈氏——高阳氏八才子之一的苍舒，称号是慈，其后裔以称号为氏，是为姬姓慈氏。齐乙公嫡子姜慈毋，即位为齐癸公，后裔以慈为氏，是为姜姓慈氏。后人有清朝进士慈国璋。

才氏——高阳氏八才子的后裔称才氏，是为姬姓才氏。名人有明朝兵部尚书才宽。

帝喾（kù）后裔

帝喾，姬姓，名俊，传说是黄帝的曾孙、昌意之子，生于高辛（今河南省商丘高辛镇），所以称高辛氏，在颛顼驾崩后成为部落联盟首领，定都亳（bó，今河南省商丘），被列入"远古五帝"（据《大戴礼记》《史记》）。他以木德为帝。

咸氏——帝喾大臣咸丘黑因辅佐帝喾有功，被后代尊为咸氏始祖，是为姬姓咸氏。商朝大臣巫咸的后裔以咸为氏。巫咸国后裔以咸为氏，是为风姓咸氏。名人有唐朝殿中侍御史（御史台副长官）咸广业。

仲氏——帝喾有八位德才兼备之臣，号称"八元"，其中仲堪、仲熊兄弟的后裔称仲氏；周太王的后裔仲山甫被周宣王拜为卿士，封于樊（今河南省焦作市周庄乡李屯村），因排行第三被称为仲父，其后代以仲为氏；鲁桓公长子庆父的子孙号仲孙，后裔称仲氏；郑国大夫祭仲的后裔称仲氏，是为姬姓仲氏。宋庄公之子皇野，字子仲，其支孙以仲为氏，是为子姓仲氏。

种（chóng）氏——出自姬姓仲氏。周朝灭亡后，一支仲氏为避祸改称种氏。名人有东汉司徒（此前称大司徒）种暠（hào）、司空种拂，北宋种家军创始人种世衡。

虎（娆）姓——娆（xiāo），象形字意为"女子俊慧"，娆姓后人在父系氏族社会去掉"女"字偏旁，改为虎姓。帝

45

誉"八元"之臣中，有一位伯虎，其后裔以虎为氏。召公姬虎，曾力谏周厉王，并在国人暴动中将厉王之子藏匿家中，由自己儿子代死，后来与周公共同辅政，是谓共和。召公薨后，后裔怀念其护国之功，以虎为氏，是为姬姓虎氏。名人有清朝江苏省提督虎嵩林。

后稷（jì）后裔

后稷，周朝始祖，姬姓，是有邰氏之女姜嫄非婚所生。为尊者讳，古人演绎出姜嫄出于好奇踩巨人脚印而生后稷的神奇故事。后稷出生于稷山（今山西省稷山县），小时候被母亲遗弃，所以名弃。后来姜嫄被帝喾收留，成为帝喾的元妃，后稷顺理成章地成为帝喾的养子。后稷长大后，善种五谷稼穑（sè），教给民众耕种之法，因此被尧拜为农师，负责掌管农业，被后代奉为农耕始祖、五谷之神。

从氏——出自姬姓。后稷后裔从和的支孙以从为氏。周平王的幼子精英被封于枞邑（今安徽省桐城市），侯爵，其支孙称枞氏，后去"木"称从氏。

纵氏——从氏一支后裔以纵为氏。后人有清朝新泰知县纵翼。

古氏——亶，姬姓，称古公，相传是后稷十二代孙，周文王昌的祖父，周部落首领，从今陕西省旬邑迁到岐山下的周原，建立了诸侯国，定国号为周，后来被周武王加称号为周太王，其一支后裔以古为氏。名人有隋朝兵部侍郎古道。

吴氏——中国第九大姓氏。周太王的长子太伯，自动让贤于三弟季历（周文王之父），辗转东南，被封于吴（今江苏省无锡市东），伯爵，其后裔以国为氏，是为姬姓吴氏。名人有战国改革家吴起、唐代画家吴道子、《西游记》的作者吴承恩、近代画家吴昌硕、现代画家吴冠中。

柯氏——仲雍第五代孙吴王相，因与诸侯会盟柯山，被周成王拜为大夫，号称柯相，其支孙以柯为氏，是为姬姓柯氏。名人有南明兵部尚书柯夏卿、抗倭抗葡名将柯乔。

寿氏——吴伯周章的十四世孙叫寿梦，主政吴国时国力强盛，与楚抗衡，所以春秋吴国自寿梦始，其支孙以寿为氏，是为姬姓寿氏。名人有西晋梁州刺史寿良、清朝禹州知州寿致浦。

延氏——吴王寿梦少子札食采于延陵（今江苏省武进）及州来（今安徽省凤台），故称延州来季子，其后裔以延为氏。名人有汉朝京兆尹（京城最高行政长官）延笃。

钮氏——吴国一名将军叫宣义，因祖上是从事钮柄制作的工匠，就以钮为氏，是为姬姓钮氏。

要氏——吴国刺客要离，在伍子胥授意下，成功刺杀吴公子庆忌后自刎而死，后人以祖名为氏。

阎（闫）氏——中国一百大姓氏之一，出自姬姓。太伯的曾孙仲奕被周武王封于虞（史称北虞国），侯爵，称虞内侯，都城设在阎乡（今山西省运城市东部），其后代以都城为氏。晋成公的儿子懿食采于阎邑，其后裔以采邑为氏。1977年大陆第二次简化字方案将阎简化为闫，如今阎、闫通用。名人有唐代画家阎立本。

宫氏——虞仲之子被封于郜（tóng，今山西省平陆县东），后被晋国所灭，其后裔郜之奇逃亡虞国，被拜为虞国大夫，与百里奚一起辅佐虞君，去"邑"以宫为氏，是为姬姓宫氏。名人有清朝福建省巡抚宫梦仁。

郭氏——中国二十大姓氏之一。周文王姬昌的二弟虢仲，被周武王封为西虢（今陕西省宝鸡市）公，三弟虢叔被周武王封为东虢（今河南省荥阳市）公，他们的后裔以虢为氏，后改郭氏，是为姬姓郭氏。名人有唐代名将郭子仪、后周开国皇帝郭威、元代天文学家郭守敬。

岑（cén）氏——渠是周文王异母弟耀之子，被周武王封于岑（今陕西省韩城市南），子爵，其后裔以国为氏，是为姬姓岑氏。名人有唐代边塞诗人岑参、宰相岑文本。

南宫氏——出自姬姓。周文王"四友"之一南宫子，又称南宫括，其后裔以南宫为氏。鲁国孟僖子之子敬叔居于南宫（今河北省南宫市），鲁国大夫阙居于南宫，二人的后裔都以居地为氏。

芮氏——周文王的卿士良夫被周成王封于芮（今陕西省

大荔县朝邑镇），伯爵，称芮伯，其一支后裔以国为氏，是为姬姓芮氏。名人有汉代吴郡太守芮珍。

万氏——中国一百大姓氏之一，出自姬姓芮氏。芮伯万宠姬成群，被母亲芮姜赶出了芮国，住到了同出一姓的魏（今山西省芮城县），芮伯万的一支后裔以祖名为氏，史称万氏正宗。毕万的支庶后裔以万为氏。名人有现代剧作家万家宝（曹禺）。

管氏——商亡后，周武王封商纣王之子武庚为殷侯，负责管理朝歌。为监督武庚，周武王在朝歌以东设卫国，由三弟管叔鲜（周文王的嫡三子）掌管；在朝歌以南设鄘国，由五弟蔡叔掌管；在朝歌以北设邶国，由八弟霍叔掌管。三国对朝歌形成合围，史称"三监"。周武王驾崩后，周成王年幼，由周武王四弟周公旦监国，代行天子之事。排行第三的管叔顿生不满，于是联络蔡叔、霍叔和早有异志的武庚，加上奄国、蒲姑、丰、淮夷等东夷方国发起叛乱。周公旦在召公支持下，平定了"三监之乱"，杀死了武庚和管叔，然后把殷商旧地一分为二，让商纣王的长兄微子启继承殷祀，建立宋国；把"三监"旧地和其他殷商旧地合并成立卫国，封同母幼弟康叔为卫侯。管叔后裔以管为氏，是为姬姓管氏。名人有齐国名相管仲。

阴氏——管仲七世孙管修，在"田代姜齐"后被齐侯所逐，逃到楚国，被楚肃王拜为阴邑（今山东省平阴县）大夫，后裔称阴氏，是为姬姓阴氏，史称阴氏正宗。伏羲部落阴康氏，建有阴康国（今陕西省商洛市商州区蒲峪乡），其后裔以阴为氏，是为风姓阴氏。名人有东汉光武帝皇后阴丽华。

鲁氏——周文王嫡四子周公旦，被周武王封于鲁（今山东省曲阜市），侯爵。后来，周公旦东征灭掉了参与"三监之乱"的奄国，派长子伯禽带着"殷民六族"（条氏、徐氏、萧氏、索氏、长勺氏、尾勺氏）来到奄国故土，在自己的初封地上建立鲁国。鲁国被楚国灭掉后，其后裔以故国为氏，是为姬姓鲁氏。名人有三国时期吴国名将鲁肃。

周氏——中国第十大姓氏，出自姬姓。周公旦次子君陈被派往新都成周（今河南省洛阳市），继为周公，其后裔周公黑肩在政变中被杀，族人为避祸改为周氏。东周首任天子周平王的次子姬烈，被封于汝坟（今河南省叶县东北），侯爵，当地人称他为周家，于是衍生出周氏。东周被秦国取代后，末代天子周赧王的后裔改称周氏。名将周昌的子孙也以周为氏。后人有北宋理学创始人周敦颐、现代文学家周树人（鲁迅）。

凡氏——周公旦三子凡伯被周成王封于凡（今河南省辉县西南），畿内诸侯，其后裔以国为氏，是为姬姓凡氏。

蒋氏——中国五十大姓氏之一。周公旦四子伯龄被周成王封于蒋（今河南省淮滨县期思镇），后被楚国所灭，其后裔以故国为氏，是为姬姓蒋氏。

定氏——出自蒋氏。周公子伯龄的后裔封于定（今陕西省华阴市定城），其后裔以定为氏。后人有明朝广德州同知定定。

将氏——蒋氏后裔以将为氏，是为姬姓将氏。宋大夫栾氏后人有将鉏（chú），其后裔以将为氏，是为子姓将氏。后人有汉代燕王相将渠。

邢氏——周公旦五子邢苴被周成王封于邢（今河北省邢

台市），其后裔以国为氏，是为姬姓邢氏。名人有北朝文学家邢邵。

茅氏——周公旦六子茅侯，被周成王封于茅（今山东省金乡县、巨野县之间），其后裔以国为氏，是为姬姓茅氏。代表人物是桥梁专家茅以升。

茆（mǎo）氏——茅氏的一支后改为茆氏，是为姬姓茆氏。

胙（zuò）氏——周公旦七子胙伯被周成王封于胙（今河南省延津县胙城），其后裔以国为氏，是为姬姓胙氏。

祭氏——周公旦八子祭伯被周成王封于祭（今河南省荥阳市西北），其后裔以国为氏，是为姬姓祭氏。名人有东汉征虏将军祭遵。

訾（zī）氏——祭氏后人认为"祭"字不祥，改称訾氏；周朝大夫封于訾（今河南省巩义市），其后裔以封邑为氏，为姬姓訾氏。夏朝訾陬国后裔先后称訾陬氏、訾氏，是为姒姓訾氏。纪国有訾城，后被齐国所灭，后裔以訾为氏，是为姜姓訾氏。春秋时期晋国大夫訾祏（shí）出自该氏。

宰氏——周公旦后裔周公孔任周朝太宰，被称为宰孔、宰周公，其后裔以官职为氏，是为姬姓宰氏。名人有孔子弟子宰予、明朝四川省都督同知（都督的副官，从二品）宰用。

蔡氏——中国五十大姓氏之一。周文王嫡五子蔡叔度被周武王封于蔡（今河南省上蔡县西），侯爵，后因参加"三监之乱"死在流放地。随后，周公旦命蔡叔度之子仲继任蔡侯。春秋时期，因受楚国逼迫迁到州来（今安徽省凤台县），称下蔡，后被楚惠王所灭，其后裔以故国为氏，是为姬姓蔡氏。名人有造纸术发明者蔡伦、汉末文学家蔡文姬、现代教育家蔡元培。

辰氏——蔡国公孙辰的后裔，以辰为氏，是为姬姓辰氏。名人有隋代画家辰子奇。

梦氏——出自姬姓。周文王六子曹叔振铎被封于曹（今山东省菏泽市定陶区），曹国公孙被封于梦（今山东省曹县北），其后裔以封邑为氏。吴王寿梦的支孙，以梦为氏。南宋进士梦仲才出自该氏。

成氏——周文王七子郕叔武，是周武王的异母弟，被封于郕（今山东省宁阳县、汶上县一带），伯爵，其后裔去"邑"

为成氏，是为姬姓成氏。名人有西晋文学家成公绥、明朝内阁首辅成基命。

霍氏——周文王八子霍叔处，是周武王的异母弟弟，被周武王封于霍（今山西省霍州市西南），伯爵，因参与"三监之乱"被废为庶人。周公旦命霍叔处的儿子继任霍伯，其后裔以国为氏，是为姬姓霍氏。名人有西汉大司马大将军（西汉最高军事武官）霍光、大司马骠骑将军（仅次于大将军）霍去病。

康氏——周文王嫡九子康叔被周武王封于康（今河南省禹州市西北），侯爵，其支孙称康氏，是为姬姓康氏。名人有近代思想家康有为。

卫氏——"三监之乱"平息后，周朝在殷商故都朝歌建立卫国，将康叔移封于卫，其后裔以国为氏。名人有西汉大司马大将军卫青、丞相卫绾，西晋太保（三公之一）卫瓘。

冷氏——康叔的后裔被封于冷水，其后裔以封地为氏，称冷氏。周朝大夫泠州鸠的后裔，先后称泠州氏、泠氏、冷氏，是为姬姓冷氏。历史人物有宋朝"冷面"监察御史冷世光。

鹿氏——康叔的后裔被封于五鹿（今河南省濮阳市），其后裔先后称五鹿氏、鹿氏，是为姬姓鹿氏，史称鹿氏正宗。名人有五代词人鹿虔扆。

渠氏——康叔后裔东周时期被封于渠，伯爵，为畿内国，其后裔以国为氏，是为姬姓渠氏。名人有明朝大同总兵渠家桢。

孙氏——中国二十大姓氏之一。卫武公之子惠孙的孙子伍仲以祖字为氏，又叫孙仲，是为姬姓孙氏，被奉为河南省孙氏正宗。比干被杀后，其后裔自认本是王孙，以孙为氏，是为子姓孙氏。齐大夫田书讨伐莒国有功，被齐景公封于乐安（今山东省惠民县），赐孙氏，是为妫姓孙氏。楚国令尹孙叔敖的后裔以孙为氏，是为芈姓孙氏。历史人物有兵圣孙武、唐代医学家孙思邈、革命先驱孙中山。

析氏——卫国公子黑背，字子析，其支孙取名析朱钮，后裔以析为氏，是为姬姓析氏。楚国大夫析公臣出自该氏。

常氏——中国一百大姓氏之一。卫康叔封之子被封于

56

常（今山东省滕州市东南），其后人以邑为氏，是为姬姓常氏，史称常氏正宗。恒氏为避汉文帝刘恒之讳，改为常氏。名人有出使西域的汉使常惠、唐代诗人常建。

凌氏——卫康叔的支子任周朝凌人（主管藏冰之政），其后裔以官职为氏。京杭大运河泗阳段称凌水，当地居民在汉末战乱中外迁，为便于联络，以居住地为氏，后简称凌氏，是为姬姓凌氏。名人有明代文学家凌濛初。

石氏——中国一百大姓氏之一。卫康叔封的八世孙公孙碏，字石，卫国大夫，其支孙以字为氏，是为姬姓石氏。宋国公子段，字子石，其支孙以石为氏，是为子姓石氏，史称商丘石氏。名人有西汉丞相石庆、北宋镇安军节度使石守信、太平天国翼王石达开。

汲氏——卫宣公晋的太子食采于汲（今河南省卫辉市），称太子汲，其支孙以汲为氏，是为姬姓汲氏。300年后，卫国已衰，齐宣公姜积的支孙受封于汲，支孙以封地为氏，是为姜姓汲氏。名人有汉朝主爵都尉（九卿之一，掌管诸侯王及其子孙封爵夺爵事宜）汲黯。

宁氏——卫武公赐其幼子季亹（wěi）食采于宁邑（今河南省获嘉县、修武县一带），季亹的侄子跪以邑为氏，是为姬姓宁氏，史称宁氏正宗。名人有唐朝谏议大夫（专掌议论的官员）宁恺。

世氏——卫国世叔的后裔，先后称世叔氏、世氏，是为姬姓世氏。宋国世父胜的支孙以世为氏，是为子姓世氏。秦国大夫世钧的支孙以世为氏，是为嬴姓世氏。名人有明朝刑部尚书世家宝。

承氏——卫国大夫成，字叔承，世称成叔承，其支孙称承氏，史称承氏正宗。名人有东汉侍中（供皇帝指派的散职）承宫。

礼氏——卫国大夫礼孔、礼至的后裔以礼为氏，是为姬姓礼氏。名人有东汉东莱太守礼文伯。

开氏——卫国公子开方的支孙以开为氏，是为姬姓开氏。名人有宋朝英州刺史开赵山。

裘氏——卫国大夫食被封于裘邑（今河南省夏邑县），后裔以封地为氏，史称裘氏正宗；鲁隐公建有菟裘城（今山

58

东省新泰市楼德镇），史称菟裘国，其后人称裘氏，是为姬姓裘氏。宋国大夫仇牧，在"南宫之乱"中遇难，其子仇仲逃亡宋国的附庸萧国，改仇氏为裘氏，是为浙江省子姓裘氏。名人有西汉中郎将裘寿。

弘氏——卫国大夫弘演的支孙以弘为氏，是为姬姓弘氏。唐代，为避皇太子李弘的名讳，弘姓有的改为李姓，有的改为洪姓。几代后，少数人改回弘姓。

戚氏——卫国大夫孙林父被封于戚（今河南省濮阳市戚城遗址），其支孙以封地为氏，是为姬姓戚氏。名人有明朝抗倭名将戚继光。

通氏——一位卫国大夫受封于通邑（今河南省淇县北阳镇），其后裔以封邑为氏，是为姬姓通氏。有个部族首领被黄帝封为彻侯，其后人以彻为氏，为避汉武帝刘彻的名讳，汉代改彻氏为通氏，彻侯被公认为得姓始祖。名人有清代大觉禅师通琇。

长氏——卫国大夫宁武子（宁俞）的儿子，叫宁长牂，其后裔以长为氏，是为姬姓长氏。名人有明朝凉州总兵长夕虎。

冉氏——周文王嫡十子季载因平定"三监之乱"有功，被周公旦举荐为司空，封于聃（dān，一说今河南省平舆县，一说今湖北省荆门市），伯爵，是周成王六卿之一，其后裔去"耳"以冉为氏，是为姬姓冉氏。后人有南宋内江令冉虚中。

冼氏——周文王十子季载的裔孙被周厉王降封于沈子国（今安徽省临泉县），沈子国后裔、河北省真定人沈汭随秦将赵佗兵进岭南，然后定居下来，沈汭的儿子取名冼齐，其后裔先称冼氏，在清初改洗为"冼"，是为广东省冼氏。名人有音乐家冼星海。

郜氏——周文王十一子郜叔被封于郜（今山东省成武县东南），伯爵，其后裔以国为氏，是为姬姓郜氏。名人有元朝诗人郜知章、明朝兵部尚书郜光先。

浩氏——唐代进士郜虚舟，为避难改为浩氏。周朝宗室被封于浩（今甘肃省永靖县），后建造了浩亹城，其后裔以封地为氏，是为姬姓浩氏。名人有汉代青州刺史浩赏。

雍氏——周文王十二子雍叔被封于雍（今河南省焦作市南），伯爵，其后裔以国为氏，是为姬姓雍氏。雍氏名人有汉朝什邡侯雍齿、唐朝怀州刺史雍希颢。

毛氏——中国一百大姓氏之一。周文王十三子毛叔郑封于毛（今河南省原阳县），伯爵，其后裔以国为氏，是为姬姓毛氏。

毕氏——周文王十五子毕公高，因平定"三监之乱"有功，被封于毕（今陕西省咸阳市东北），公爵，其后裔以国为氏，是为姬姓毕氏。名人有活字印刷术发明者毕昇、北宋宰相毕士安。

魏氏——中国五十大姓氏之一。春秋初期，毕公高的后裔毕万投奔晋国，因战功被封于魏（今山西省芮城县西北），后代以国为氏，是为姬姓魏氏。名人有唐朝谏议大夫魏征、清代启蒙思想家魏源。

冯氏——中国三十大姓氏之一。毕万后人魏长卿食采于冯城（一说今河南省荥阳市，一说今陕西省大荔县），后代以采邑为氏，是为姬姓冯氏。郑国大夫冯简子的支孙以祖名为氏，是为姬姓冯氏。汉朝太史令司马迁入狱后，其长子司马临为避难改姓冯，是为妁姓冯氏。名人有东汉太尉冯石、明末小说家冯梦龙、清代抗法名将冯子材、近代爱国将领冯玉祥。

新氏——毕万的后人封于新田（今山西省曲沃县西南），其后裔以封地为氏，是为姬姓新氏。明朝南城县教谕（主管教化）新度出自该氏。

令狐氏——毕公高的后裔魏颗，因功被晋景公封于令狐（今山西省临猗县），后代以封邑为氏，是为姬姓令狐氏。名人有唐朝宰相令狐绹、令狐楚。

庞氏——毕公高的庶子彪被封于庞乡（今陕西省韩城市繁庞），后裔以封邑为氏，是为姬姓庞氏，史称庞氏正宗。名人有东汉太尉（掌管军事，三公之一，相当于宰相）庞参、三国时期蜀汉军师中郎将庞统、北宋宰相庞籍。

信氏——魏国被秦所灭后，魏公子信陵君的后裔为避难以信为氏，是为姬姓信氏。后人有宋朝画家信世昌、明朝进士信廷献。

原氏——周文王十六子原叔被封于原（今河南省济源市东南），伯爵，其后裔以国为氏，是为姬姓原氏。名人有明朝南京兵部尚书原杰。

酆（丰）氏——周文王灭姒姓崇国后，改地名为酆邑（今陕西省西安市鄠邑区东的丰城）。周武王将周文王十七子叔酆封于酆（今陕西省山阳县），侯爵。周武王的长子周成王诵执政后期，因酆侯酗酒误事被废黜，其后裔散居各地，以故国为氏，是为姬姓酆（丰）氏。少昊后裔被封于丰（逢，今山东省青州市西北），称丰伯、逢伯，因参加"三监之乱"被废，其后人以故国为氏，是为嬴姓丰氏。郑穆公之子姬平，字子丰，后代为七穆之丰氏，是为姬姓丰氏。名人有宋朝英州知州酆康、现代画家丰子恺。

郇（huán）氏——周文王庶十八子葡被封于郇（今山西省临猗县），伯爵，后代以封地为氏，是为姬姓郇氏。晋武公灭郇，赐给了大夫原氏，世称郇叔，其后裔以郇为氏。名人有明朝鸿胪寺（九寺之一，掌管外交、宗教、互市事宜）少卿郇旃（zhān）。

赖氏——周文王十九子叔颖被周武王封于赖（今河南省息县包信镇），子爵，史称赖子国，后被楚国所灭，后人南迁鄀（今湖北省宜城市），以国为氏，是为姬姓赖氏。炎帝后裔烈山氏在商代建立厉国（今山西省介休市），商亡后南迁赖乡（今河南省鹿邑县），因赖、厉相通，也称赖国，后来迫于周朝压力，一支南迁今湖北省随州的厉山店，另一支北迁齐国赖亭（今山东省济南市章丘区），其后裔以封地为氏，是为姜姓赖氏。名人有汉朝交趾太守赖先、宋朝地理学家赖文俊。

莘氏——周文王之子傿因镇守雁门（今河北省沧州市）有功，被周成王赐为莘氏，是为姬姓莘氏。名人有唐朝国子监祭酒（最高学府长官）莘南容。

召(shào)氏——周朝宗室召公奭(shì)被周武王封于燕，伯爵，作为太保辅佐周成王未到任，只得让长子姬克代理。后来，周武王将王畿附近的召（今陕西省岐山县西南，后为雍城）作为他的食邑，其后裔以邑为氏，是为姬姓召氏。名人有召穆公（召虎）。

邵氏——中国一百大姓氏之一，出自姬姓召氏。召氏后人加"邑"称邵氏。名人有北宋哲学家邵雍。

盛氏——出自姬姓。召公奭的支孙称奭氏，为避汉元帝刘奭之讳，鉴于古代盛、奭同音，改称盛氏。郕叔武建立的郕国被齐国灭亡后，其一支后裔称盛氏。名人有东汉司徒盛允、近代洋务运动代表人物盛宣怀。

燕(yān)氏——召公奭的长子克，代父亲管理封国燕(今北京一带)，其后裔以国为氏，是为姬姓燕氏。名人有北宋龙图阁直学士、画家燕肃。

鞠氏——燕易王的长子升，与弟弟哙争夺王位失败逃到辽东，改称鞠氏，是为姬姓鞠。名人有汉朝尚书令(少府属官，主管文书与传达命令)鞠谭。

麴(qū)氏——出自鞠氏。汉朝尚书令鞠谭受东平王刘云谋反的牵连被削职为民，后来率儿子迁居西平(今青海省西宁市)，改姓麴。历史人物为高昌王麴文泰。

贝氏——克的后裔召公康，封支庶子孙于邶(今河北省清河县)，作为燕国附庸国，后被齐桓公所灭，其后裔以国为氏，后来去"邑"称贝氏，是为姬姓贝氏。名人有美籍华人建筑师贝聿铭。

谯（qiáo）氏——召公奭之子盛封于谯（今安徽省亳州市谯城区），其后裔以封国为氏；曹国大夫封于谯邑（今安徽省怀远县龙亢镇），其后裔以封地为氏，是为姬姓谯氏。名人有三国名士谯周、后蜀国君谯纵。

晋氏——周成王在镇压唐侯叛乱后，封三弟唐叔虞于古唐国，侯爵。唐叔虞薨后，长子燮继任唐侯，迁到晋水之滨，将国号"唐"改为"晋"，其后裔以国为氏，是为姬姓晋氏。名人有西汉淮南名士晋昌。

解（xiè）氏——唐叔虞的次子良食采于解邑（今山西省运城市解州镇），其后裔以采邑为氏，是为姬姓解氏。名人有明代文学家解缙。

杨氏——中国第六大姓氏，出自姬姓。周宣王把小儿子尚父（又叫长父）封在杨（今山西省洪洞县），爵位为侯。春秋时期，强势的晋献公将杨国灭掉。晋灭杨后，晋武公次子伯侨被封于杨（古杨国），伯侨之孙姬突食采于杨国境内的羊舌邑，其后裔称羊舌氏，成为晋国政治明星，也是晋侯限制众卿的一支力量，后来被以赵简子为首的"六卿"灭掉，其残部逃到陕西省华山一带，以故国为氏，形成了著名的"弘农杨氏"，史称杨氏正宗。名人有隋文帝杨坚、南宋文学家杨万里、明朝内阁首辅杨士奇。

扬氏——古代杨、扬不分，杨国一支后裔以扬为氏，是为姬姓扬氏。名人有汉朝思想家扬雄。

恽（yùn）氏——西汉中郎将杨恽获罪被汉宣帝腰斩，其子为避难以恽为氏。楚成王熊恽的支孙以祖名为氏，是为芈姓恽氏。

羊氏——晋靖侯的后裔突，采食于羊舌（今山西省曲沃县羊舌村），其后裔迁居山东省新泰市羊流，以羊为氏，是为姬姓羊氏。名人有西晋开国元勋羊祜。

贾氏——中国一百大姓氏之一。唐叔虞幼子公明被周康王封于贾（今陕西省蒲城县西南），伯爵，后迁到今山西省襄汾县贾罕村，最终被晋武公所灭，其后裔以故国为氏，是为姬姓贾氏。名人有西汉文学家贾谊、《齐民要术》作者贾思勰。

应氏——周武王四子达被封于应（今河南省平顶山市一

带），侯爵，其后裔以国为氏，是为姬姓应氏。名人有东汉学者应劭。

韩氏——中国三十大姓氏之一。周武王五子韩叔被封于韩原（今陕西省韩城市西南），侯爵。周宣王又将韩国迁移到韩阳（今山西省永济市韩阳镇），后被晋国所灭，其后裔以国为氏。晋武公的叔父姬万采食于韩原，其曾孙韩厥任晋国大夫，以采邑为氏，是为姬姓韩氏，被奉为韩氏正宗。《说文》中说：韩，井垣也。惠连后裔有善于筑韩者，以韩为氏，是为董姓韩氏。名人有战国法家韩非、秦末军事家韩信、唐代文学家韩愈。

何氏——中国二十大姓氏之一，出自姬姓韩氏。末代韩王安时期，公族大夫韩瑊（zhēn）与韩非一起执掌国政，因与韩王安政见不同，退隐韩原。韩国灭亡后，韩瑊和妻子逃亡安徽省庐江，为躲避秦朝的追杀，考虑到韩、何同音，韩瑊改称何氏。名人有唐朝宰相何进滔、南宋天文学家何承天。

蔺氏——晋国大夫韩起的后裔韩康，因功被赵襄子赐采食于蔺地（今山西省柳林县孟门），其支孙以采邑为氏。名人有赵国丞相蔺相如。

翟氏——出自姬姓。周成王封次子于翟（今河南省禹州市），子爵，世称翟子，后亡于郑武公，后人以故国为氏。黄帝后裔被周朝封于翟，后被晋国所灭，子孙称翟氏。周代设有翟者，负责教授宫廷舞蹈、祭祀烹煮牺牲、驾御仪仗翟车、为车辇绘画装饰等，其后裔以官职为氏。名人有西汉丞相翟方进、隋末瓦岗军首领翟让、明朝内阁首辅翟銮。

单（shàn）氏——周成王封少子臻于单（今陕西省眉县常兴镇杨家村），伯爵，其后裔以封国为氏。蚩尤直系后裔善卷，是尧舜时期的贤哲，古代善、单通假，后人将善卷居住地称为单父（今山东省菏泽市），其后裔称单氏。名人有东汉车骑将军单超、隋末瓦岗军左武侯大将军单雄信。

靖氏——单国国君单靖公的支孙，以祖父谥号"靖"为氏，是为姬姓靖氏。齐国国相田婴，谥号"靖"，史称靖郭君，其后裔以祖父谥号为氏，是为妫姓靖氏。名人有明朝鸿胪寺卿靖洪。

营氏——周成王卿士营伯的后裔以营为氏，是为姬姓营氏。齐国大夫食采于营丘，其后人以采邑为氏，是为姜姓营氏。后人有明朝真州知州营世宝。

蓬氏——周武王的后裔被封于蓬（今四川省蓬安县），是巴国附属国，后裔以国为氏，是为姬姓蓬氏。新朝时期的隐士蓬萌出自该氏。

荣氏——周成王卿士被封于荣邑（今河南省巩义市），称荣伯，其后裔以封邑为氏，是为姬姓荣氏。音乐家荣援受黄帝之命，与乐官伶伦共同铸造了12个铜钟，以和五音，被奉为上谷郡（今河北省怀来县）荣氏始祖。

翁氏——周昭王瑕的庶子食采于翁山（今浙江省舟山市定海区东），其后裔以采邑为氏，是为姬姓翁氏。夏朝贵族翁难乙的后人以祖名为氏，是为姒姓翁氏。

家氏——周孝王辟方的儿子家父，世为周卿，后裔以祖名为氏，是为姬姓家氏。名人有宋朝渠州知州家定国。

詹氏——周宣王封支子志宏（弘）于詹（今陕西省东北部），侯爵，后代世袭周大夫。周幽王姬宫涅（shēng）当政时，身为少师的志宏辞职返回封地，其后裔以詹为氏，是为姬姓詹氏。名人有中国"铁路之父"詹天佑。

芳氏——周朝大夫方叔薨后，被周宣王追封为豫章伯，子孙世代享受周制的第三等爵位，其后裔分别称方氏、豫氏、章氏，其中一支方氏族人因避祸加"艸"字头改称芳氏，史称芳氏正宗。名人有汉朝幽州刺史芳乘。

豫氏——出自姬姓。方叔被追封为豫章伯，其后裔以豫为氏。毕氏春秋刺客豫让出自该氏。

项氏——姬姓将领季毂被周朝封于项（今河南省项城市），子爵，后被鲁国灭掉，继而被楚国占据，成为楚襄王的陪都，项国后人以国为氏。历史人物有西楚霸王项羽。

余氏——中国五十大姓氏之一。申伯联合犬戎灭亡周幽王政权后，立太子宜臼为周天子，史称周平王；与其对立的北虢公立周幽王的弟弟余臣为周天子，史称周携王。两王并立，天下大乱。21年后，余臣被晋文侯所杀，其后裔由余逃亡西戎，后来代表西戎出使秦国，被秦穆公看中留下，拜为上卿，其后裔以祖名为氏，是为姬姓余氏。名人有南宋名将余玠。

佘（shé）氏——出自姬姓余氏。余氏后人余昭元为建立西晋立下殊勋，被晋武帝司马炎赐姓佘，封镇海大将军。人皇氏的后裔先称人氏，失去帝位后改称佘氏，是为风姓佘氏。后人有明朝南京通政司（掌管内外奏章和密封申诉）左通政佘可材。

宜氏——泰伯之孙被周朝封于宜（今江苏省镇江），称宜侯，其后裔以封地为氏；周平王宜臼的后裔以宜为氏，是为姬姓宜氏。楚国大夫食采于宜城，其支孙以采邑为氏，是为芈姓宜氏。名人有清朝广西巡抚宜思恭。

辜氏——周桓王庶子林开的后裔林正，任唐朝江南道观察使，因受当地豪绅诬陷被朝廷下狱，沉冤昭雪后被唐太宗赐姓辜，意思是无辜蒙冤。

惠氏——东周第五任天子姬阆（láng），得谥号"惠"，史称周惠王，其支孙以祖父谥号为氏，这是姬姓惠氏，也是惠氏的主脉。陆终的次子叫惠连，他的后代先后称有惠氏、惠氏，这是董姓惠氏。名人有清朝翰林侍读惠士奇。

鉴氏——周惠王姬阆的幼子叫姬带，被封于甘（今河南省洛阳市东南），史称甘昭公。他的后人在春秋战国时期开办了制作铜盆、铜镜的作坊，人称鉴匠，其后裔称鉴氏，是为姬姓鉴氏。姬姓鉴氏多尊奉姬带为得姓始祖。

王氏——中国第一大姓氏。周灵王的太子晋，又称王子晋、王子侨，因直谏被废为庶民，其子宗敬任周朝司徒，时人仍称其为"王家"，族人于是以王为氏，秦末从洛阳迁往山东省琅琊、山西省太原，是为姬姓王氏。齐王田建之子升、桓改为王氏，是为妫姓王氏。比干因直谏被商纣王所杀，其后裔自认有王族背景，于是以王为氏，是为子姓王氏。新朝王莽赐燕嘉以王氏，前蜀王王建赐一批义子、养子、义孙以王氏。历史人物有东晋书法家王羲之、唐代诗人王维、北宋改革家王安石。

朝氏——周景王庶长子子朝争夺王位失败，被迫逃亡楚国，其后裔称朝氏、晁氏、鼂氏，史称朝氏正宗。卫国大夫史朝的支孙以朝为氏，是为姬姓朝氏。名人有宋朝湖州刺史朝思诚。

晁氏——出自姬姓。朝、晁通用，子朝和史朝部分后裔

73

改称晁氏。名人有汉朝政治家晁错。

阳氏——出自姬姓。周景王将幼子樊封于阳邑（今河南省济源市），史称阳樊，后裔称阳氏。鲁国大夫季孙阳虎（阳货）的后裔称阳氏。名人有唐朝国子监祭酒阳峤、明朝太常寺少卿阳二敬。

滑氏——周朝封公族于滑（今河南省睢县西北），伯爵，后迁于费（今河南省偃师缑氏镇），被晋国所灭，滑国子孙以故国为氏，是为姬姓滑氏。名人有明代医学家滑寿。

巩氏——周敬王的卿士简公被封于巩邑（今河南省巩义市），称巩简公，一度执掌朝政，鉴于周王室历次内乱多因贵族而起，便在用人上重诸侯、轻王族，结果被王族子弟刺杀，他的子孙以封邑为氏，是为姬姓巩氏。名人有汉朝侍中巩攸。

苌（cháng）氏——周敬王执政时期，晋国发生"六卿之乱"，周敬王派大夫苌弘出面调停，晋国赵氏首领赵简子实施反间计，苌弘被多疑的周敬王所杀。他被杀后血流不止，蜀人藏其血，三年后化为碧，成语"碧血丹心""苌弘化碧"即由此来。其后裔以祖名为氏，是为姬姓苌氏。

别氏——古代把嫡长子之外的儿子称别子。别成子的支孙以别为氏，是为姬姓别氏。后人有南宋参知政事（宰相）别之杰。

富氏——出自姬姓。周朝大夫姬辰被封于富邑，人称富辰，为保护周襄王战死沙场，史称春秋第一忠臣，其后裔以封邑为氏。鲁国大夫富父终甥的后裔先后称富父氏、富氏。名人有北宋宰相富弼。

桂氏——周天子的后裔季桢曾任秦国博士，在秦朝"焚书坑儒"中被杀，其弟季眭为逃避株连，带着四个儿子逃亡，按自己名字"眭"的读音，将长子改姓名为桂奕，定居幽州（今河北省范阳县），为季桢守墓。次子改姓名为昋（guì）突，三子改姓名为炅（guì）奖，四子改姓名为炔（guì）奘。后人有明朝江南大儒桂彦良。

暴氏——大夫辛被东周封于暴邑（今河南省郑州市北），公爵，世称暴辛公，后被郑国吞并，其后裔以封地为氏，是为姬姓暴氏。名人有西汉御史大夫（负责监察百官，辅佐丞相，相当于副丞相）暴胜之。

息氏——妫姓息国被周朝灭亡后，周武王将周文王庶子羽达封于息（今河南省息县西南），侯爵，后被楚文王灭掉，其后裔以故国为氏，是为姬姓息氏。后人有宋代名士息道龙。

蒿（hāo）氏——西周建都于镐京（今陕西省西安市西南），也称蒿京，居住于此的宗族成员以蒿为氏，是为姬姓蒿氏。齐国有蒿邑（今山东省泰安蒿里山），当地居民以邑为氏，是为姜姓蒿氏。后人有明朝淮安府通判蒿宾。

留氏——周朝公族大夫食采于留邑（今河南省偃师市），乃王畿之邑，其支孙以采邑为氏，是为姬姓留氏。卫国大夫留封人的后裔以留为氏。名人有南宋宰相留正。

桃氏——周朝大夫食采于桃丘（今山东省东阿县西南），其支孙以采邑为氏，是为姬姓桃氏。

米氏——周朝设有舍人，又称米史、粟史，负责掌管国库的九谷六米出入，其后裔以官职为氏，称米氏。楚国芈姓的一支以米为氏。名人有宋代书法家米芾。

粟氏——周朝粟史的后裔以官职为氏。

道氏——周朝封公族于道（今河南省确山县道城），春秋时期被楚国兼并，道国王族以故国为氏，是为姬姓道氏，史称道氏正宗。名人有楚国大夫道朔。

顿氏——周武王封公族于顿（今河南省商水县），子爵，西周末年为陈国所逼，南迁今河南省项城市西南，称南顿国，后被楚国吞并，王室遗民以故国为氏，是为姬姓顿氏，史称顿氏正宗。

习氏——东周一位公族被封于习（今陕西省丹凤县武关少习山），侯爵，习国灭亡后，其后裔以故国为氏，是为姬姓习氏，多尊奉东汉陈国宰相习响为得姓始祖。

樊氏——鲁献公具的次子仲山甫因辅佐周宣王有功，被封于阳樊（樊邑，今河南省济源市），其后裔以樊为氏，是为姬姓樊氏。名人有西汉左丞相樊哙、东汉太尉樊陵。

皮氏——出自姬姓樊氏。仲山甫的后裔樊仲皮任周朝卿士，因是次子，只能封在外地，食采于皮氏邑（今山西省河津市一带），其后裔称皮氏。名人有汉朝谏议大夫皮究。

郎氏——鲁懿公戏之孙费伯食采于郎城（今山东省鱼台县东北），后裔以采邑为氏，是为姬姓郎氏。名人有唐代诗人郎士元。

朗氏——郎氏后裔改称朗氏。名人有明朝都察院司务（司务厅官员，从九品）朗青。

臧氏——鲁孝公称的儿子子臧被封于臧地（今山东省郯城县西南），子孙以封邑为氏，是为姬姓臧氏。名人有诗人臧克家。

展氏——鲁孝公的幼子叫伯展，伯展的孙子无骇被鲁隐公赐为展氏，是为姬姓展氏。名人有明朝御史展毓。

柳氏——出自姬姓展氏。伯展的孙子展禽被封于柳下（今山东省新泰市宫里镇西柳村），有坐怀不乱之美称，得谥号"惠"，史称柳下惠。展禽的支孙以柳为氏。名人有唐朝宰相柳璨、文学家柳宗元、兵部尚书柳公绰、"柳体"书法创造者柳公权。

施氏——鲁惠公之子尾生，字施父，其五世孙以祖字为氏，是为姬姓施氏，号称施氏正宗。"殷民六族"中有施氏，为子姓施氏。名人有东汉太尉施延、《水浒传》作者施耐庵。

闵氏——鲁庄公同薨后，公子斑继位，被叔父庆父所弑，庆父扶持公子启继位。两年后，公子启又被庆父所弑，谥号"闵"，史称鲁闵公，其支孙以祖父谥号为氏，是为姬姓闵氏。名人有孔子弟子闵子骞、明朝刑部尚书闵珪。

贲（bén）氏——鲁国公族县贲父的支孙以贲为氏，是为姬姓贲氏。名人有汉朝期思侯贲赫。

公氏——鲁定公将侄子衍、为封为公爵，人称公衍、公为，其后裔以爵位为氏，是为姬姓公氏。名人有明朝都察院右金都御史（仅次于左右副都御史）公勉仁。

松氏——公氏的一支因称呼不便，改为松氏，是为姬姓松氏。帝喾的老师赤松子的后裔以松为氏。始皇帝嬴政封禅泰山时，曾在今普照寺一棵松树下避雨，因此封此松为五大夫，当地人以松为氏。后人有隋代名士松赟、明朝长芦盐官松冕。

哀氏——鲁国国君姬将，谥号"哀"，史称鲁哀公，其支孙以祖父谥号为氏。鲁国大夫哀骀它的后裔先后称哀骀氏、哀氏。名人有宋朝词人哀长吉、明朝云南省按察使（主管省刑法的官员）哀凯。

衷氏——南唐礼部（六部之一，掌管礼仪、祭祀、贡举事宜）尚书哀愉，因感觉"哀"字称呼不便，特请皇帝赐姓衷。衷氏名人有明朝南京兵部尚书衷贞吉。

符氏——鲁顷公仇的孙子公雅，任秦国符玺令（掌传达皇帝命令与调兵的凭证"符"和"玺"），其后裔以符为氏，是为姬姓符氏。名人有东汉名士符融。

闻氏——出自姬姓。鲁国政论家少正卯，世称"闻人"，其后裔先后称闻人氏、闻氏。鲁国太史左丘明因撰有《春秋左氏传》，被称为"古之闻人"，其后裔先后称闻人氏、闻氏。郑国贵族被封于闻邑（今河南省荥阳市虎牢关），后被晋景公夺走，其后裔以封地为氏。历史名人有东汉太尉闻人袭、爱国诗人闻一多。

秋氏——鲁国大夫仲孙湫的孙子胡，任陈国卿士，以湫为氏，后裔去"水"称秋氏，是为姬姓秋氏。历史人物有近代女杰秋瑾。

孟氏——中国一百大姓氏之一，出自姬姓。古代兄弟排行以孟（伯）、仲、叔、季来表示。鲁桓公的长子庆父，在叛乱失败后逃亡，改称孟孙氏，其后裔称孟氏。卫襄公没有嫡子，他的庶长子姬絷（zhí），字公孟，因病让位给了弟弟姬元（卫灵公）。姬絷的孙子姬驱以公孟为氏，后裔简化为孟氏。历史人物有亚圣孟子。

仲氏——鲁国大夫庆父（字共仲）、鲁国公子彭生（叔仲氏）、郑国大夫祭仲的支孙以仲为氏，是为姬姓仲氏。宋国公子皇野（字子仲）的支孙以仲为氏，是为子姓仲氏。仲由，字子路，史称仲子，鲁国卞人（今山东省泗水县泉林镇卞桥村），孔子的门生，其后裔以仲为氏。

叔氏——鲁桓公之子叔牙的后裔以祖上排行为氏，鲁文公之子叔肸的后裔以祖上排行为氏，颛顼帝的孙子叔歜（chù）的后裔以名为氏，是为姬姓叔氏。后人有鲁国大夫叔鞅。

季氏——鲁庄公同的幼弟季友平定了"庆父之乱"，子孙世代在鲁国执政，称季孙氏，后简称季氏，史称季氏正宗。吴王寿梦的四子季札，多次推让王位，以有远见而著称，其后裔以其排行为氏，是为姬姓季氏。名人有国学大师季羡林。

抗氏——鲁国大夫被封于亢父（今山东省济宁市），其后裔以抗为氏；卫国大夫三伉的后裔以抗为氏，是为姬姓抗氏。汉代抗徐改姓杭，从此抗、杭不分。后人有明代孝子抗良玉。

亢（kàng）氏——抗、亢同音，一支抗氏称亢氏。名人有明朝河南省知府亢孟桧。

伉（kàng）氏——抗、伉、亢同音，一支抗氏改称伉氏。名人有汉代汉中大夫伉善。

诸氏——鲁国大夫食采于诸邑（今山东省诸城市），其支孙以采邑为氏，是为姬姓诸氏。越国大夫诸稽郢（柘稽），是越国五大夫之一，其支孙以祖名为氏，是为姒姓诸氏。名人有明朝兵部主事诸燮。

鄂氏——晋哀侯光担任太子时，被封于鄂（今山西省乡宁县），后继任晋侯，被曲沃武公姬称所杀，其后裔以封地为氏，是为姬姓东鄂。黄帝之子被封于鄂（今河南省南阳市北），侯爵，其后裔以国为氏，是为西鄂。楚国国君熊渠的次子熊挚红被封于鄂（今湖北省武汉市武昌区），其后裔以封地为氏，是为芈姓南鄂。鄂王岳飞被冤杀后，其子岳霖、岳震、岳霆的后裔改姓鄂。名人有汉朝开国功臣鄂千秋。

侯氏——中国一百大姓氏之一。晋缗侯被晋武公所杀，其支孙逃往他国，以爵位为氏，是为姬姓侯氏。郑庄公赐共叔段的儿子共仲为侯氏，是为姬姓侯氏。仓颉原为侯冈氏，其支系以侯为氏。名人有东汉大司徒侯霸、唐朝兵部尚书侯君集。

邴（bǐng）氏——晋国大夫邴豫被封于邴（今山东省成武县东），其后裔以邴为氏，是为姬姓邴氏。齐国大夫邴鹢（zhǔ）被封于邴（今山东省费县东），其支孙以邴为氏，是为姜姓邴氏。东汉名士邴原出自该氏。

胥氏——晋国大夫胥臣，协助晋文公成就诸侯霸业，官拜司空，世代为晋国大夫，其支孙以胥为氏，是为姬姓胥氏。胥氏名人有明朝监察御史胥必彰。

续氏——晋国大夫狐鞫采食于续，世称续简伯，其支孙以续为氏，是为姬姓续氏。舜的"七友"续牙的后裔以续为氏。后人有南北朝后赵文人续咸。

步氏——晋国大夫叔虎的孙子扬，被封于步邑（今山西省临汾市），人称步扬，其后代以邑为氏，是为姬姓步氏。名人有三国时期吴国骠骑大将军步骘（zhì）。

招氏——晋国大夫步招的后裔以招为氏。陈国公子招因杀人被放逐到越国，其后裔以招为氏，是为妫姓招氏。名人有汉朝大鸿胪（九卿之一，掌管礼宾事务）招猛。

蒯（kuǎi）氏——晋国大夫得是一员战将，被晋文公封在蒯邑（今河南省洛阳蒯乡），人称蒯得，其支孙以蒯为氏，是为姬姓蒯氏。名人有汉初谋士蒯通、明朝工部（六部之一，掌管营造工程事项）左侍郎蒯祥。

矫氏——晋国大夫矫父的支孙以矫为氏，是为姬姓矫氏。名人有明朝苏州知府矫顺。

栾氏——晋靖侯的孙子宾被封于栾邑（今河北省石家庄市栾城区），其后代以封邑为氏，是为姬姓栾氏。齐惠公的儿子坚，字子栾，其支孙以栾为氏，是为姜姓栾氏。名人有唐朝棣州刺史栾濛。

郤（xì，郄）氏——晋献公将公族叔虎封于郤邑（山西省沁水县下游一带），子爵，史称郤子，其后人以封国为氏，是为姬姓郤氏。郤氏后裔有晋国上卿郤缺。

籍氏——晋国公族伯黡（yǎn），以正卿的身份参与国政，还负责管理晋国典籍，其后代以籍为氏，是为姬姓籍氏。后人有明朝徽州知府籍甚。

席氏——出自姬姓籍氏。籍氏后人籍镶，为避项羽（名籍）的名讳，改为席氏。名人有北周骠骑大将军席固、明朝武英殿大学士（内阁成员，正一品）席书。

舜氏——晋国大夫舜华以贤闻名，其支孙以祖名为氏，是为姬姓舜氏。明代刻漏博人舜用禹出自该氏。

槐氏——晋国大夫富槐的后裔以槐为氏，是为姬姓槐（huí）氏。楚怀王熊槐的支庶后裔称槐氏，是为芈姓槐（huái）氏。名人有宋朝尚书郎槐京、明朝太平府推官槐天锡。

官氏——晋国公族食采于王官城（陕西省澄城县），其支孙以采邑为氏，是为姬姓官氏。周朝大夫刘康公担任官师，其后裔以官职为氏，是为祁姓官氏。楚国上官氏的后裔简称官氏，是为芈姓官氏。名人有明朝楚党魁首、太常寺少卿官应震。

曲氏——晋昭侯封叔父成师于曲沃（今山西省闻喜县），其后裔先后称曲沃氏、曲氏，是为姬姓曲氏。夏桀的大臣曲逆食采于曲逆河（今河北省保定市），商灭夏后，其后裔以曲为氏，是为姒姓曲氏。《林海雪原》作者曲波、云南省白药创始人曲焕章出自该氏。

党氏——出自姬姓。晋国大夫被封于上党（今山西省长治市上党区），其支孙以党为氏。鲁国大夫被封于阙党邑（今山东省曲阜市内阙里），其后人称党氏。历史人物有金代文学家党怀英。

掌氏——出自姬姓党氏。古代党、掌相通，鲁国一支党氏称掌氏。名人有北宋工部侍郎掌禹锡。

仉（zhǎng）氏——掌氏的一支称仉氏，是为姬姓仉氏。历史人物有孟子的母亲仉氏。

嘉氏——出自姬姓。晋国大夫嘉父的支孙以祖名为氏。燕太子丹玄孙姬嘉的支孙，以祖名为氏。明朝渑池县训导嘉缙出自该氏。

旷氏——晋国乐师师旷的后裔以旷为氏。古旷国（今安

86

徽省庐江县）贵族以国为氏。明朝余干知县旷彦温出自该氏。

邝氏——旷氏一支后裔称邝氏。名人有明朝兵部尚书邝埜（yě）。

提（dī）氏——晋国勇士提弥明的支孙以提为氏，是为姬姓提氏。名人有清朝刑部右侍郎提桥。

郑氏——中国三十大姓氏之一。周宣王静封异母弟友于郑（今陕西省华县东部），是为郑桓公。郑国被韩国灭亡后，其后裔以国为氏，是为姬姓郑氏。商王武丁之子子奠建立郑国，后被周朝所灭，子姓郑人被迁往渭水上游。随后，周武王封姜尚少子井叔于郑（今陕西省凤翔县），负责管理子姓郑人，史称西郑，后来周穆王夺西郑为下都，姜姓郑国灭亡，后裔先后称郑井氏、郑氏。名人有唐朝宰相郑朗、明末民族英雄郑成功、清朝书画家郑板桥。

喻氏——郑桓公立族人为喻氏，是为姬姓喻氏。汉景帝时期，为避皇权使喻之讳，喻姓被迫改为谕姓。后来，汉朝苍梧太守谕猛改回喻姓，因此喻姓后人视喻猛为始祖。名人有宋代建筑学家喻皓、明朝兵部尚书喻安性。

俞氏——喻氏后裔去"口"称俞氏。远古名医跗（fú），精于俞（穴道）经，人称俞跗，是黄帝时代三大名医（雷公、岐伯、俞跗）之一，其后裔先后称俞跗氏、俞氏。历史人物有明代抗倭名将俞大猷（yóu）。

兰氏——郑文公的宠姜燕姞梦见一株兰草，不久产下一子，取名兰，即公子兰，后来继任郑国国君，史称郑穆公，其支孙称兰氏，是为姬姓兰氏，史称兰氏正宗。名人有明代医药学家兰茂。

良氏——郑穆公兰多子，其中七个儿子的后代作为郑国世族掌控朝政，以至于把国君架空，史称"七穆"。公子去疾，字子良，后代为七穆之良氏，是为姬姓良氏。东汉学者良燮出自该氏。

游氏——郑穆公之子公子偃，字子游，其支孙以祖字为氏，是为姬姓游氏。名人有汉朝御史中丞（御史大夫的次官）游寻。

印氏——郑穆公之子公子舒，字子印，其支孙以祖字为氏，是为姬姓印氏。名人有南宋户部侍郎印应飞、首任澳门同知印光任。

国氏——郑穆公之子公子发，字子国，其支孙以祖字为氏，是为姬姓国氏。齐国上卿国共伯，被周天子任命为辅国正卿，齐国国君赐其后人为国氏，是为姜姓国氏。三国时期魏国太仆国渊出自该氏。

产氏——公子发之子公孙侨，字子产，郑国上卿，执政三十余年，是春秋政治家，其支孙以祖字为氏，是为姬姓产氏。后人有明朝兵部主事产麟。

段氏——中国一百大姓氏之一。郑庄公的同母弟共叔段的后裔，以祖名为氏，是为姬姓段氏。名人有唐朝宰相段文昌、清代文字学家段玉裁。

太叔氏——共叔段被郑庄公封于京邑（今河南省荥阳市），世称京城太叔，其后裔以太叔为氏，是为姬姓太叔氏。

京氏——与段氏同源。共叔段又称京城太叔，他的一支后裔以京为氏。名人有南宋宰相京镗。

经氏——出自京氏。汉朝魏郡太守京房，独创了京氏《易》学，得罪了宦官石显和其他治《易》的权贵，被以"非谤政治，归恶天子"的罪名杀害，其后裔为避难改称经氏。

蔚氏——郑桓公的儿子公子翩，被周宣王封于蔚邑（今山西省平遥县），并为其设置了蔚州，史称蔚翩，其后裔以封邑为氏，是为姬姓蔚氏。名人有宋朝保静军节度使蔚昭敏。

如氏——郑公子班，字子如，其支孙以祖字为氏，是为姬姓如氏。

茹氏——三国时期魏国陈郡丞如淳的后裔，加"艹"头改为茹氏。名人有明朝兵部尚书、太子少保茹瓛。

尉（wèi）氏——郑国大夫尉止、尉翩担任尉正（掌管刑狱的官员），其后裔以尉为氏。古代郁、尉同音，郁华的一支后裔称尉氏，是为姬姓尉氏。

堵氏——郑国大夫泄寇被封于堵邑（今河南省方城县），人称泄伯、堵叔，其后裔以封邑为氏，是为姬姓堵氏。元代诗人堵简出自该氏。

郏（jiá）氏——郑国大夫郏张被封于郏地（今河南省郏县），其支孙以封地为氏，是为姬姓郏氏。名人有北宋《吴门水利书》作者郏亶（dǎn）。

操氏——郑国大夫食采于郪邑（今河南省宝丰县），其后裔去"邑"称操氏，是为姬姓操氏。名人有隋代义军领袖操师乞、明朝监察御史操钦。

西门（西）氏——郑国大夫居住在西门，以西门为氏，其中一支称西氏。名人有魏国邺县令西门豹。

綦（qí）氏——姬姓后裔姬霖因战功卓著，被汉高祖刘邦封为齐郡济南大夫，赐予綦毋姓氏，其后裔简化为綦氏。名人有南宋兵部侍郎綦崇礼。

四、黄帝子十一姓

《国语》说"黄帝子25宗，其得姓者14人，为12姓：姬、妊（任）、嫳（祁）、姞（吉、佶）、嬛（滕）、改（己）、妠（酉）、嬉（僖）、嬛（儇、环）、姝（依）、箴、荀，惟青阳氏（玄嚣，黄帝元妃嫘祖所生的长子）与苍林氏（黄帝四妃嫫母所生的儿子）同于黄帝，故皆为姬姓"。可以理解为，黄帝有25个儿子，除青阳氏、苍林氏随自己姓姬外，其他11个得姓者或随母姓，或入赘他姓。至于古文献记载的"三皇五帝"赐姓，不是春秋战国史家用当时的观念进行的转述追记，就是汉代谶纬书的臆说，因为姓是血缘标志，产生于上古，不可能被赐，只有氏可以赐。

一、黄帝子十一姓——妊

"妊"的象形字本义是"妇女特有的神奇能力"，引申为"怀孕"。

妊（rén，任）姓——中国五十大姓氏之一。出于对生殖的崇拜，伏羲部落以"妊"为图腾，取妊为姓，为"上古八大姓"之一，其后代封地也命名为妊（今山东省济宁市任城区）。黄帝之子禹阳（一说是颛顼帝之子）或随母姓妊，或入赘妊姓，并被封于妊国，其后裔在父系氏族社会去掉"女"字偏旁，改为任姓。名人有东汉司空任隗、阿陵侯任光，《四库全书》纂修官任大椿。

海氏——禹阳任职海司，被封为东海之神，其子禹强被封为北海之神，其后裔以海为氏，是为任姓海氏。名人有明朝户部尚书海渊。

遇氏——禹阳的后裔被封于遇（今山东省地区），其后裔以遇为氏，是为任姓遇氏。

谢氏——中国三十大姓氏之一。禹阳的后裔被封于谢（今河南省唐河县、南阳市一带），西周后期被灭，后裔以故国为氏，是为任姓谢氏。周宣王封母舅申伯于谢，其后裔以封国为氏，是为姜姓谢氏。名人有东晋宰相谢安、南宋诗人谢灵运、现代儿童文学作家谢婉莹（冰心）。

射（xiè，yì）氏——出自谢氏。东汉大鸿胪谢服出征前，天子认为他的姓名不祥，为他赐姓名为射威。名人有东汉中郎将射援。

泉氏——禹阳的后裔被封于泉（今河北省中部），周朝末年被灭，其后人以国为氏，是为任姓泉氏。西周称钱币为"泉"，设有泉府官（掌管货币流通和集市贸易），其后裔以官职为氏，称泉氏。名人有西魏大将军泉仲遵。

全氏——出自泉氏。泉、全同音，任姓泉氏的一支改称全氏。名人有清代史学家全祖望。

奚氏——禹阳裔孙仲生活在奚地（今山东省枣庄市薛城区陶庄镇奚村），被称为奚仲，其后裔称奚氏，是为任姓奚氏。

徽墨创始人奚超出自该氏。

薛氏——中国一百大姓氏之一。奚仲因发明了车，被禹任命为车正（管理和制作车舆），封于薛（今山东省滕州市东南），侯爵，后裔以国为氏，是为任姓薛氏。后来，齐相田婴被齐湣王封于薛，田婴之子孟尝君田文袭封，仍以薛为采邑，支孙以采邑为氏，是为妫姓薛氏。名人有西汉丞相薛泽，唐朝左骁卫大将军（十二卫将军之一，上将军的副手，正三品）薛仁贵、宰相薛元超，北宋宰相薛居正。

邳（pī）氏——奚仲被徙封于邳（今江苏省邳州市），其后裔以封地为氏，是为任姓邳氏。东汉灵寿侯邳肜（róng）出自该氏。

雒（luò）氏——禹阳后裔被封于雒（今洛河之滨），其后裔以雒为氏，是为任姓雒氏。名人有明朝右副都御史雒昂。

且（姐）氏——禹阳的一支后裔，先称姐氏，后来在父系氏族社会去掉"女"字偏旁，称且氏，是为任姓且氏。后人有春秋吴国大夫且姚。

二、黄帝子十一姓——嫦

"嫦"的象形字表示"女人在祭祀、祈祷"。

嫦（祁）姓——黄帝的一个儿子或随母亲以嫦为姓，或入赘嫦姓，是为嫦叔，其后裔在父系氏族社会去掉"女"字偏旁，以祁（祈）为姓。传说帝喾的第三个妻子庆都乘船出游时，被赤龙上身怀孕生下尧。尧小时候被寄养在外祖父伊祁侯家，随母姓祁，在帝喾之后被推举为部落联盟首领，"远古五帝"（据《尚书序》《帝王世纪》《史记》《大戴礼记》）之一。晋献侯四世孙奚，为晋国大夫，以"外举不避仇，内举不避亲"而闻名，食采于祁（今山西省祁县），其后裔以采邑为氏，是为姬姓祁氏。名人有清朝太子太保祁寯（jùn）藻。

陶氏——中国一百大姓氏之一。尧，名放勋，生于高辛（今河南省商丘高辛镇），最初被任命为陶正，居住在陶丘（今山东省菏泽市定陶区），以制作陶器为业，其后裔以陶为氏。名人有西汉丞相陶青、东晋诗人陶渊明。

唐氏——中国三十大姓氏之一。尧被封于唐（今山西省翼城县），称陶唐氏，20岁接替帝喾成为部落联盟首领，以唐为国号，所以又称唐尧。尧的儿子丹朱继承了唐国。周成王时期，唐侯因参与叛乱，被强制迁到杜（今陕西省西安市，汉代杜陵），称唐杜氏。周昭王复封丹朱的后裔为唐侯，其后人以封国为氏，是为祁姓唐氏。周成王在镇压唐侯叛乱后，封三弟唐叔虞于古唐国，侯爵，其后裔以国为氏，是为姬姓唐氏。名人有唐朝宰相唐休璟、明代才子唐寅（字伯虎）。

尧氏——放勋称号为尧，其后裔以称号为氏，是为祁姓尧氏。名人有北齐车骑大将军（仅次于骠骑大将军）尧杰。

伊氏——尧生于伊祁山（今河北省顺平县），寄养在外祖父伊祁侯家，被称为伊祁氏，其一支后裔简称伊氏，是为祁姓伊氏。禹的后裔伊尹，是军事谋略家，辅佐成汤灭亡了夏，其子陟以伊为氏，是为姒姓伊氏。蜀汉昭文将军伊籍出自该氏。

饶氏——尧帝定都平阳（今山西省临汾市），称号为尧，其后裔理以祖先称号为氏，称平阳尧氏。汉宣帝刘询当政时，认为唐尧乃先圣，应该避讳，所以诏令京兆尉尧瀷（yíng）及天下尧氏加"食"改姓饶。齐国大夫封于饶（今山东省青州市），其支孙以封邑为氏，是为姜姓饶氏。名人有南宋理学家饶鲁。

丹氏——尧的儿子丹朱的后裔，以丹为氏，是为祁姓丹氏。后人有春秋时期晋国大夫丹本。

房氏——舜继位后，封丹朱于房（今河南省遂平县），丹朱之子陵袭封后，以封地为氏，是为祁姓房氏。名人有唐朝宰相房玄龄。

傅氏——中国一百大姓氏之一。丹朱的后裔大由被封于傅（今山西省平陆县），其后裔以封地为氏，是为祁姓傅氏。陆终的四子求言被封在偪阳（又称傅阳，今山东省枣庄市台儿庄区张山子镇），爵位为子。因为亲近楚国，春秋时期被诸侯联军所灭，傅阳国土被送给了宋国，傅阳子妘豹被贬为平民，傅阳国遗民以故国为氏，后来简称傅氏，是为妘姓傅氏。傅说本无氏，被武丁拜为相，后裔以傅为氏，史称傅氏正宗。名人有西晋哲学家傅玄、唐朝宰相傅游艺、明朝开国将领傅友德、翻译家傅雷、画家傅抱石、国学大师傅斯年。

居氏——出自祁姓先氏。晋国中军元帅先且居在彭衙（今陕西省合阳县）击败秦军，其后裔以祖字为氏。

刘氏——中国第四大姓氏。尧的后裔累，成功驯养了四条龙，被夏帝孔甲赐为御龙氏，封于刘（今河北省唐县），史称刘累。后来，因为死了一条雌龙，刘累担心获罪，逃到河南省鲁山，其后裔以故国为氏，是为祁姓刘氏。周顷王的季子食采于刘（今河南省偃师市），后来被同母兄周定王封于刘，子爵，史称刘康公，其后裔以国为氏，是为姬姓刘氏。汉高祖刘邦赐项伯、娄敬以刘氏。名人有汉武帝刘彻、南朝宋国皇帝刘裕、唐代诗人刘禹锡。

杜氏——中国五十大姓氏之一。尧的后裔建有唐国，唐侯因参与叛乱，被周成王强制迁到杜，爵位降为伯，史称杜伯。后被周宣王所灭，其后裔以封地为氏，是为祁姓杜氏。历史人物有唐代诗人杜甫、杜牧，宰相杜如晦。

土氏——杜氏后裔去"木"以土为氏，是为祁姓土氏。

共工之子句龙任后土（掌管土地），子孙以土为氏，是为姜姓土氏。帝鸿氏休的别子缙云娶妻土敬氏，其后裔以土为氏。宋朝屯田郎中土皋出自该氏。

士氏——出自祁姓杜氏。周宣王的大夫杜伯被杀，其子隰（xī）叔逃往晋国，被任命为士师（掌管刑法），其子以官职为氏，称士氏。名人有东汉交趾太守士燮。

先（姺）氏——出自祁姓杜氏。隰叔被晋国封在先邑（今山西省太原市辛庄），其后裔以邑为氏。宋朝书法家先长文出自该氏。

随（隋）氏——隰叔的曾孙士会是晋国上卿，因辅佐晋文公、晋襄公有功，被封于随（今山西省介休市），其支孙以封邑为氏，是为祁姓随氏。周朝一个贵族被封于随（今湖北省随州市）侯爵，后来成为楚国的附庸国，最终被楚国吞并，其后人以随为氏，是为姬姓随氏。隋文帝改随为隋，随氏也改为隋氏。名人有汉朝护军中尉（监督诸将的官员）随何、元朝安远大将军隋世昌、明朝广东省按察使隋斌。

范氏——中国一百大姓氏之一。晋国上卿士会被徙封于范（今河南省范县），其支孙以封邑为氏，是为祁姓范氏。名人有春秋政治家范蠡、秦相国范雎、南朝史学家范晔、北宋名士范仲淹。

汉氏——东汉皇帝禅让于魏帝后，刘氏汉室后裔以汉为姓氏。名人有宋代深州刺史汉伦。

谌（chén，shèn）氏——尧的后裔大节被周平王封于成周（今河南省洛阳市东郊）以东的谌地，其后裔以封邑为氏，是为祁姓谌氏。周幽王姬宫涅第十四子被封于谌，后失国，其后裔以故国为氏，是为姬姓谌氏。名人有东汉汉昌侯谌重、南宋文学家谌祐。

冀氏——尧的后裔被周朝封于冀（今陕西省韩城市东南冀亭），后被虞国所灭，冀国公族以故国为氏，是为祁姓冀氏。晋献公灭掉虞国后，冀成为晋邑，晋国大夫郤芮被封于冀，世称冀芮，其子孙以封地为氏，是为姬姓冀氏。名人有北周骠骑大将军冀俊。

庾（yǔ）氏——尧的掌庾大夫安庆公，负责掌管粮库，史称掌庾公，其后裔称庾氏，是为祁姓庾氏。姬庾，卫国第一神箭手，时称庚公，其支孙以庚为氏；姬庚过，是甘悼公之子献太子的老师，其支孙以庚为氏，是为姬姓庚氏。名人有东晋权臣庚亮。

三、黄帝子十一姓——姞

"姞"的象形字本义是"端正的女子"，引申为"美女"。

姞（jí，吉）姓——黄帝的一个儿子或随母亲以姞为姓，或入赘姞姓，乃上古八姓之一，世代与姬姓联姻。其后裔在父系氏族社会去掉"女"字偏旁，改称佶姓、吉姓。另外，周宣王的太师叫尹吉甫，他的庶长子伯奇以吉为氏，这支吉氏与尹氏同宗，他们是姬姓吉氏。历史人物有抗日名将吉鸿昌。

郅氏——古代姞、郅同音，姞姓后人以郅为氏。唐朝泾原节度使郅昌出自该氏。

光氏——姞姓后人以光为氏，是为姞姓光氏。田光的后裔在秦末以光为氏，是为妫姓光氏。后人有明朝兵部兵科给事中（兵科的属官，正七品）光时亨。

密氏——姞姓后裔被商王武丁封于密须（今甘肃省灵台），后被西伯姬昌所灭，其后裔以国名为氏，其中一支称密氏，是为姞姓密氏。随后，周朝将公族分封于密，后被周共王所灭，其后裔以故国为氏，是为姬姓密氏。南宋江西省都统密佑出自该氏。

四、黄帝子十一姓——嫘

"嫘"的象形字本义为"女子在泉水中洗浴"。

嫘（滕）姓——黄帝的一个儿子或随母亲以嫘为姓，或入赘嫘姓，其后裔在父系氏族社会去掉"女"字偏旁，改为滕姓。周文王十四子绣错叔被封于滕（今山东省滕州市），其后裔以国为氏，是为姬姓滕氏。名人有晋朝交州刺史滕含。

战氏——滕国大夫毕战的支孙以祖名为氏，为姬姓战氏，史称战氏正宗。名人有东汉谏议大夫战兢。

腾氏——滕氏的一支因避难改为腾氏。名人有东汉北海相腾抚。

藤氏——滕氏的一支改称藤氏。后人有明朝同安县丞藤文泽。

五、黄帝子十一姓——改

"改"的象形字本义是"女人生子"。

改（己）姓——黄帝的儿子夷鼓入赘远古的改姓部落，称改姓，其后裔在父系氏族社会去掉"女"字偏旁，改为己姓。此姓后来被祝融的后裔继承，成为"祝融八姓"之一。

采氏——夷鼓被封于采亭（今河北省平泉市），其后裔以采为氏，是为己姓采氏。名人有汉代度辽将军采皓。

彩氏——采氏的一支以彩为氏。

六、黄帝子十一姓——娅

"娅"的象形字本义是"女人饮酒"。

娅（酉）姓——黄帝的一个儿子或随母亲以娅为姓，或入赘娅姓，其后裔在父系氏族社会去掉"女"字偏旁，改姓酉。明朝广信府通判酉仁出自该氏。

七、黄帝子十一姓——嬉

"嬉"的象形字本义为"女子在玩耍"。

嬉（僖）姓——黄帝的一个儿子或随母亲以嬉为姓，或入赘嬉姓，其后裔在父系氏族社会去掉"女"字偏旁，改姓僖，后裔有肥、无终、潞氏、甲氏、留吁、铎展、赤狄等氏。后人有曹国大夫僖负羁。

八、黄帝子十一姓——嬛

"嬛"的象形字本义是"姿态轻柔美丽的女子"，引申为"美女"。

嬛（xuǎn，儇、环）姓——黄帝的一个儿子或随母亲以嬛为姓，或入赘嬛姓，其后裔在父系氏族社会去掉"女"字偏旁，改姓儇、环。

还氏——儇姓的一支称还氏。微子启的后裔宋公子衎食采于萧（今江苏省萧县），萧大夫还无社的后裔以还为氏，是为子姓还氏。卫国大夫还成的后裔以还为氏，是为姬姓还氏。

九、黄帝子十一姓——嫉

"嫉"的象形字本义是"身披羽毛的女子"，引申为"美女"。

嫉（依）姓——黄帝的一个儿子或随母亲以嫉为姓，或入赘嫉姓，其后裔在父系氏族社会去掉"女"字偏旁，改姓依。

十、黄帝子十一姓——荀

"荀"的象形字本义是"香草"，引申为"美好"。

荀姓——黄帝的一个儿子或随母亲以荀为姓，或入赘荀姓。黄帝大臣荀始的后裔称荀氏；晋国大夫荀息的后裔以荀为氏；周文王第十八子葡被封于郇（今山西省临猗县），伯爵，后代以封地为氏，一支改称荀氏，是为姬姓荀氏。名人有战国思想家荀子、西晋太保荀藩、北齐中书侍郎（中书令的副手）荀士逊。

中行氏——晋文公称霸诸侯时期，设三军三行，在城濮之战中，大臣荀林父被任命为中行将，其后裔以官职为氏，是为荀姓中行氏。名人有陪汉朝公主远嫁匈奴的战略家中行说。

智氏——晋国次卿荀首食采于智邑（今山西省永济市），

其支子以邑为氏，别称智氏，发展为晋国智氏家族。在晋阳之战中，因韩氏、魏氏临阵反水，智襄子（智伯瑶）被赵氏击败，智氏遭受灭族之灾。战后，智氏隐姓埋名，流散各地。公开为岳飞鸣冤的南宋监察御史智浃出自该氏。

辅氏——出自智氏。智襄子的族人智果，预见到智氏家族的危机，为避免受到连累，便向掌管姓氏的太史申请别立一族，改称辅氏。智氏被灭族时，辅氏因改氏而幸免。名人有唐朝行台左仆射辅公祏。

十一、黄帝子十一姓：箴

"箴"的象形字本义是"女子缝补衣裳"，引申为"规诫"。

箴姓——黄帝的一个儿子或随母亲以箴为姓，或入赘箴姓，居住在今山西省箴沃一带。楚国箴尹斗克黄主管箴规（规谏劝诫，其后裔以官职为氏，是为芈姓箴氏。卫国大夫箴庄子主管箴规，其后裔以官职为氏，是为姬姓箴氏。

五、少昊后裔——嬴姓

"嬴"的象形字本义是"女人生孩子"。

少昊，又称朱宣、白帝、西皇，名挚，称青阳氏、金天氏、穷桑氏、风鸟氏、云阳氏，生于穷桑（今山东省曲阜市以北），从太昊伏羲氏族联盟发展演化而来，继承的是伏羲的文化，曾修太昊之法，是东夷势力的代表，传说是伏羲女娲氏的第六代孙，一度附属于黄帝，并在黄帝之后成为部落联盟首领，是嬴姓始祖，也曾拥有己姓，被《帝王世纪》列为五帝（少昊、颛顼、帝喾、尧、舜）之一。

他是东夷人，显然不是司马迁所说的黄帝的长子青阳。因为《五帝本纪》说黄帝元妃嫘祖的长子玄嚣青阳，降居江水，未能称帝。而少昊青阳却是五帝之一。假如真像司马迁说的那样，少昊、颛顼、帝喾、尧、舜、禹都是黄帝子孙，部落图腾焉能不同？出生地为何各异？又何谈禅让？

嬴姓的分支众多，如今人数排进前一百位的有 14 个。

嬴姓——出于远古人类的生殖崇拜，少昊以表示"女人生子"的"嬴"为图腾，以"嬴"为姓。代表人物为秦始皇帝嬴政。

金氏——中国一百大姓氏之一。按照五行学说，土生金，少昊以金得王，所以号金天氏，后裔简化为金氏，是为嬴姓金氏。钱镠（liú）建立吴越国后，因为"镠"与"刘"同音，便下诏国内刘氏改为金氏，是为姬姓金氏。历史人物有明末清初文学评论家金圣叹、清代"扬州八怪"之一金农。

桑氏——少昊号穷桑氏，其支孙以号为氏，一支后裔简称桑氏；秦大夫子桑的后裔以桑为氏，是为嬴姓桑氏。名人有东汉地理学家桑钦。

凤氏——少昊担任部落首领时，正好凤鸟来临，所以改以凤鸟为图腾，号凤鸟氏，一支后裔以部落名称为氏，是为嬴姓凤氏。明朝衡州知府凤翁如出自该氏。

昊氏——少昊的后裔以昊为氏，是为嬴姓昊氏。今福建省厦门市集美中学创办人昊阿妍出自昊氏。

乌氏——少昊部落有乌鸟氏，其后裔以部族名称为氏，是为嬴姓乌氏。秦国勇士乌获出自该氏。

威氏——少昊部落玄鸟氏负责掌管春分、秋分。黄帝担任部落联盟首领时，玄鸟氏被迫西迁不周山（今六盘山）。此部怀念过去因发明金兵钺（yuè）斧威震天下的时光，便以威为氏，是为嬴姓威氏。齐国国君田因齐，谥号"威"，史称齐威王，其支孙以祖父谥号为氏，是为妫姓威氏。清代曾国藩旗下参军（参谋军务）威应洪出自该氏。

修氏——少昊之子修，是帝喾的玄冥师，掌管天下水利，其支孙以祖名为氏，是为嬴姓修氏。

允氏——少昊之孙允格，因入赘殷戎、阴戎的祖先允姓部落而称允姓。夏朝有允国的后裔以国为氏，是为姒姓允氏。

格氏——允格的后裔以格为氏，是为允姓格氏。名人有汉朝侍御史格班。

春氏——少昊部落春扈氏的后裔以春为氏，是为嬴姓春氏。楚国春申君黄歇的后裔，以春为氏，是为芈姓春氏。齐宣王大臣春子的后裔以春为氏，是为妫姓春氏。名人有元末商州总兵春良会。

兖（yǎn）氏——少昊后裔被封于兖（今山东省济宁市兖州区），其后裔以国为氏，是为嬴姓兖氏。南宋嘉兴学正兖尧叟出自该氏。

清氏——少昊后裔封于清（今山东省聊城市西），其后裔以国为氏，是为嬴姓清氏。晋国大夫食采于清（今山西省闻喜县清源），其后裔清沸魋（tuí）以采邑为氏，是为姬姓清氏。

沈氏——中国一百大姓氏之一。少昊裔孙臺骀（tái dài）氏的后裔被封于沈（今河南省沈丘县），后被周昭王所灭，其后裔以故国为氏，是为嬴姓沈氏。周文王第十子季载，被封在聃（今河南省郑州市一带），伯爵。周平王东迁后，季载的后人被封在沈（今安徽省临泉县），侯爵，后被周厉王贬为子国，史称沈子国。沈子国位低势弱，只能依附于临近的楚国，因此多次受到中原诸侯的讨伐，最终被蔡国所灭，沈子国贵族子逞逃亡楚国，其子孙以故国为氏，是为姬姓沈氏。楚庄王之子公子贞封于沈鹿（今湖北省荆门市），其支孙以封邑为氏，是为芈姓沈氏。楚庄王曾孙戌，曾任沈县（今安徽省临泉县）县尹，世称沈尹戌，其后人以沈为氏。名人有唐代诗人沈佺期、北宋科学家沈括，现代文学家沈从文、沈雁冰（茅盾）。

臺氏——臺骀氏世为水官，被颛顼帝封于汾水，民间将其奉为汾水之神，其后裔以臺为氏，是为嬴姓臺氏。清朝泗水知县臺士佳出自该氏。

尤氏——出自嬴姓沈氏。后梁皇帝朱温任命王审知为闽王，因审、沈同音，王审知的女婿沈思礼去"水"改为尤姓，改姓后的尤思礼被奉为尤姓始祖。名人有宋代书画家尤叔保、礼部尚书尤焴。

蔑氏——少昊后裔被封于姑蔑（今山东省泗水县东），

其后人以封地为氏，是为嬴姓蓂氏。

费氏——少昊的玄孙伯益，因帮助大禹治水有功，被舜封于大费（今山东省费县），后裔以封地为氏，是为嬴姓费氏。夏启将支子封于费，其后人称费氏，是为姒姓费氏。鲁僖公封鲁庄公的弟弟季友于鄪（bì）邑（今山东省费县上冶镇），其支孙以国为氏，后去"邑"为费氏，是为姬姓费氏。鲁懿公之子费伯的后裔以费为氏。名人有明朝内阁首辅费宏，中国社会学、人类学家费孝通。

伯氏——伯益的后裔以祖名为氏，是为嬴姓伯氏。孤竹国君初病逝前，遗命次子叔齐（墨胎智）为孤竹国君，叔齐却让位给兄长伯夷（墨胎允），伯夷避而遁去。叔齐干脆弃位，西去投奔西伯侯姬昌。后来，周武王姬发出兵伐商，兄弟二人认为以下伐上是不仁，便出来叩马阻谏。周武王灭商后，兄弟二人"耻食周粟"，绝食而死，伯夷后裔以伯为氏，是为姜姓伯氏。晋国大夫荀林父，字伯，史称荀伯，其支孙荀阁以祖字为氏，是为姬姓伯氏。名人有孔子的弟子伯虔、汉朝并州刺史伯柳。

益氏——伯益的后裔以祖名为氏，是为嬴姓益氏。

廉氏——大廉的支孙以祖名为氏，是为嬴姓廉氏。名人有赵国名将廉颇、汉朝尚书令廉忠。

钟离氏——伯益的后裔被周朝封于钟离（今安徽省凤阳县东北），子爵，称钟离子，后被楚国吞并，其后裔以故国为氏。

钟（锺、鐘）氏——中国一百大姓氏之一。钟离国的一支以钟为氏，是为嬴姓钟氏。晋国公族伯宗受权臣迫害入狱，其子伯州犁逃奔楚国出任太宰（百官之首），曾居住在钟离，其后裔以钟为氏，是为姬姓钟氏。楚国公族钟建封于钟吾（今江苏省新沂市），子爵，后被吴国所灭，其后裔称钟吾氏、钟氏，是为芈姓钟氏。宋康王之子钟烈，被封为钟邑大夫，其后裔以邑为氏，是为子姓钟氏。名人有"楷书鼻祖"钟繇（yáo）。

谭氏——中国一百大姓氏之一。伯益的后裔被周穆王封于谭（今山东省济南市章丘区城子崖），子爵，不久沦为齐国附庸。因为一再得罪齐桓公，被齐国发兵吞并，谭子逃亡同出嬴姓的莒国（今山东省莒县），失去祖国的谭国公族以故国为氏，史称谭氏正宗。名人有维新派人士谭嗣同。

覃(tán,qín)氏——人数排前一百位。谭子国被灭亡后，谭子国的一支为了避难，去掉"言"字旁改称覃（tán）氏，是为嬴姓覃氏。河南省温县周边，地貌似"覃"，夏代被称为覃地，此地有个部落叫覃怀氏。他们以部落名称为氏，后来简称覃（qín）氏。后人有北宋御史中丞覃庆元。

蓝氏——伯益的后裔秦子向被封于蓝（今陕西省蓝田县），其后裔以封地为氏，是为嬴姓蓝氏。楚公子亹任蓝县（今湖北省荆门市）令尹（楚国执政官，相当于宰相），史称蓝尹亹，其后裔以蓝为氏，是为芈姓蓝氏。历史人物有明朝开国大将蓝玉。

徐氏——中国二十大姓氏之一，嬴姓十四氏之一。伯益次子若木被封于徐（今江苏省泗洪县），一千六百年后被吴国所灭，其后裔以国为氏。名人有秦代方士徐市、明朝左相国徐达、明代地理学家徐霞客、现代画家徐悲鸿、现代作家徐迟。

江氏——中国一百大姓氏之一，嬴姓十四氏之一。伯益幼子玄仲被封于江（今河南省正阳县），后被楚国所灭，其后裔以故国为氏。

莒氏——嬴姓十四氏之一。伯益后裔兹舆期被周武王封于莒（今山东省莒县），其后人以国为氏。楚国大夫莒伯出自该氏。

郯（tán）氏——嬴姓十四氏之一。少昊后裔被封于郯（今山东省郯城县北），其后人以国为氏。《左传》记载，郯子公开称少昊为高祖。名人有元代画家郯韶。

谈氏——出自郯氏。郯君传到第三十六代，被楚国所灭，郯君一支子孙以谈为氏。历史人物有中国现代遗传学奠基人谈家桢。

淡氏——出自郯氏，郯君一支子孙以淡为氏。明朝海盐知县淡成出自该氏。

于氏——中国五十大姓氏之一。出自东夷"九夷"之一的于夷，位于山东省潍坊于河一带，以鸟为图腾，创制了陶器盂，称盂方，其部落以于为氏，是为嬴姓于氏。河南省还有一支擅长制造盂的部落，也称盂方，又称邘方，商王武丁吞并了邘方，将儿子封于盂方都城邘（今河南省沁阳市西万镇邢郜村），子爵，后被周文王所灭，残余北逃盂（今山西省盂县），其后裔去"邑"以于为氏，是为子姓于氏。周武王次子姬诞，被封于邗（邢郜村），侯爵，后被郑国所灭，其后裔以于为氏，是为姬姓于氏。历史人物有明朝少保（太保的副职，从一品）于谦、清代廉吏于成龙。

归氏——出自东夷部落的归夷，原居于河南省商丘一带，后遭到商王武丁的讨伐，被迫四处播迁，一部分南迁建立归国（今湖北省秭归县）。历史人物有明代作家归有光。

黄氏——中国第七大姓氏。伯益长子大廉的部落，以黄莺为图腾，以黄为氏，史称黄夷，是"九夷"之一。大廉的后裔被周朝封于黄（今河南省潢川县隆古乡），春秋末年被楚国兼并，黄国后人以故国为氏，是为嬴姓黄氏。陆终后裔被周朝封于黄（今山东省龙口市黄城集），其后裔以国为氏，是为妘姓黄氏。名人有北宋诗人黄庭坚、明末清初思想家黄宗羲。

玄氏——出自东夷"九夷"之一的玄夷，建有诸侯国玄都，其后裔先后以玄都、玄为氏，是为嬴姓玄氏。黄帝大臣玄寿的后裔以玄为氏，是为姬姓玄氏。名人有东汉大司农（管理国家财政的长官）玄贺。

秦氏——中国一百大姓氏之一。伯益后人非子，因善于养马，得到周孝王赏识，被封于秦（今甘肃省清水县东北），又称"秦嬴"，是周朝附庸国。西周末年，秦襄公因勤王有功，被周平王封为诸侯，"秦"成为国号。秦朝灭亡后，王族子孙以国名为氏，是为嬴姓秦氏，嬴姓十四氏之一。历史人物有北宋词人秦观、南宋数学家秦九韶。

谷氏——与秦氏同源。从秦谷分出的谷国后人以国为氏。名人有唐朝左金吾卫大将军（掌管宫中、京城巡警等，十二卫将军之一，正三品）谷崇义。

裴（péi）氏——秦非子的支孙赵针被封于裴乡（今山西省闻喜县的裴城），称裴乡侯，其后裔以封邑为氏，是为嬴姓裴氏。颛顼后裔被晋平公封于裴中（今陕西省岐山县北），史称裴君，其后代以封地为氏，是为姬姓裴氏。名人有武周宰相裴居道、裴行本，唐朝宰相裴炎、裴度。

梁氏——中国三十大姓氏之一，嬴姓十四氏之一。秦非子次子秦仲，是周朝大夫，在讨伐西戎时战死，周宣王将秦仲的少子康封于梁（今陕西省韩城市南），史称梁康伯，后因与晋国结盟，被秦国所灭，梁伯子孙逃亡晋国，称梁氏。历史人物有近代思想家梁启超。

缪（miào）氏——秦国国君嬴任好，谥号"缪"，古代缪、穆同音，史称秦穆公，其庶子以父亲谥号为氏，是为嬴姓缪氏。名人有西晋光禄大夫缪悦。

白氏——中国一百大姓氏之一。秦武公的嫡长子公子白，被叔父秦德公封于平阳（今陕西省岐山县一带），其后裔以祖名为氏，是为嬴姓白氏。熊胜，是楚平王之孙，太子建之子，小时候随父亲流亡在外。楚惠王登基后，他被召回楚国，封于白邑（今河南省息县境内），史称白公胜。白公胜一度自立为楚王，后战败自杀，其后代以封邑为氏，是为芈姓白氏。炎帝大臣白乙的后裔以白为氏，是为姜姓白氏。名人有秦国大将白起、唐代诗人白居易。

池氏——秦国大司马公子池的后代以祖名为氏，是为嬴姓池氏。

奉氏——秦献公的次子嬴季昌，因反对兄长秦孝公重用商鞅，在变法中遭到迫害，改称奉氏在奉家山隐居，是为嬴姓奉氏。娄敬，齐国卢人（今山东省济南市长清区），西汉谋臣，因功被汉高祖刘邦赐姓刘，封为奉春君，其支孙以封号为氏，是为姒姓奉氏。后人有宋代名医奉直。

逯氏——秦国大夫被封于逯（今陕西省咸阳市旬邑），其支孙以封邑为氏，是为嬴姓逯氏。名人有元朝监察御史逯鲁曾、明朝兵科给事中逯中立。

九氏——秦国相马士九方皋的后裔，先后称九方氏、玖氏、九氏，是为嬴姓九氏。名人有唐朝戎州太守九希采。

赵氏——中国第八大姓。造父，是伯益的十四世孙，蜚廉的四世孙，因为给天子驾车有功，被周穆王封于赵城（今山西省洪洞县北），其支孙以封邑为氏，是为嬴姓赵氏。历史人物有宋朝开国皇帝赵匡胤、元代书法家赵孟頫。

简氏——晋国大夫赵简子（赵鞅）的支孙以简为氏，为嬴姓简氏，称邯郸简氏。仲雍之子名叫季简、居简，其支孙以祖名为氏，为姬姓简氏，也称河南省密县简氏。历史人物有三国名士简雍。

布氏——赵简子的家臣姑布，任晋国子卿，善长相术，其支孙以姑布为氏，后简化为布氏；赵国大夫布子的后裔以布为氏，是为嬴姓布氏。名人有布氏形意拳创始人布学宽。

隆氏——晋国上卿赵襄子（赵毋恤）的家臣赵楚隆，受赵襄子庇护成为晋国大夫，以谋略帮助晋国摆脱了吴国，并辅佐赵襄子成功灭了智氏，为"三家分晋"奠定了基础。赵楚隆的后裔先后称楚隆氏、隆氏，是为嬴姓隆氏。鲁国属地隆邑（今山东省泰安市）的居民以邑为氏。名人有唐朝宰相隆羽翔。

马氏——中国二十大姓氏之一。赵国名将公子奢，因在阏与（yān yǔ，今山西省和顺县西部）之战中大破秦军，被赵惠文王封于马服（今河北省邯郸市西北），赐为马服君，其后裔以封地为氏，后简化为马氏。马氏还有一个来源是官职，司马、巫马（负责给马治病的官员）、马质（负责马匹征收和质量检验的官员）、马庾（sōu）人（负责饲养、训练马匹并传授骑乘技术的官员）的后人，以祖上官职为氏，称马氏。历史人物有元代戏曲家马致远。

眭（guī）氏——赵国大夫食采于眭邑，其后裔以采邑为氏，是为嬴姓眭氏。晋大夫食采于眭（今陕西省泾阳），其后裔以采邑为氏，是为姬姓眭氏。名人有汉朝符节令眭弘。

介氏——东夷有个部落方国介，夏大夫介之窥出自介国，后被鲁国所灭，其后裔以故国为氏，是为嬴姓介氏。晋国公族介子推的后裔以介为氏，是为姬姓介氏。明朝德庆知州介寿出自该氏。

羿（yì）氏——东夷有穷氏首领羿，赶跑了沉溺狩猎的夏后（夏代统治者称后）太康，在名义上立仲康为后，羿成为事实上的后，史称后羿。他后来被亲信大臣寒浞（zhuó）谋害，其后人以羿为氏。明朝遂宁知县羿忠出自该氏。

寒氏——出自东夷伯明氏的寒哀，曾为黄帝驾车，在黄帝与蚩尤大战中立下战功，被封于寒亭（今山东省潍坊市寒亭区），史称寒国。寒国后人寒浞先是担任有穷氏首领后羿的相，后来杀死后羿，夺了有穷氏大权，随后消灭了夏后相，使自太康失国以来分裂54年的天下重新统一，成为名副其实的夏后。晚年的寒浞锐气消弭，被少康的联军攻杀，寒氏族人四散而去，一支称寒氏。元朝官吏寒塞出自寒氏。

过氏——夺取夏政权的寒浞封长子寒浇于过邑（今山东省莱州市），建立过国，寒浇后裔称过氏。名人有汉朝兖州刺史过羽、宋代理学家过源。

戈氏——寒浞封次子寒戏于戈邑（今河南省太康县），建立戈国，寒戏后裔称戈氏。名人有新闻学家戈公振。

宾氏——有穷氏族人宾胥无任齐国大夫，与管仲一起助齐桓公称霸，其后裔以祖名为氏，是为嬴姓宾氏。明朝吏部主事宾继学出自该氏。

左氏——宾氏后人宾媚人任齐国国佐，其支孙先后以国佐、佐、左为氏，是为嬴姓左氏。上古左国（今山西省吕梁市方山）后人左彻是黄帝的大臣，被奉为左氏始祖；周穆王有左史戎夫、左史老，其后人以官职为氏，是为姬姓左氏。齐国公族有左右公子，其后裔以左为氏，是为姜姓左氏。楚威王左史倚相的后裔以官职为氏，是为芈姓左氏。历史人物有清末名臣左宗棠。

嫚（曼）姓——少昊部落联盟有一个远古宗族，以嫚为姓，后在父系氏族社会去掉"女"字偏旁，以曼为姓。商王武丁封季父于邓，赐蔓氏，史称蔓侯，其后裔去"艹"字头以曼为氏，是为子姓曼氏。后人有郑国大夫曼满。

六、祝融后裔

祝融氏，是三皇五帝时期的夏官火正（负责掌管民事）。"祝"本义指祭祀时主持祝告的男巫；"融"本义指炊气上升，祝融表示掌管用火的人。火正又被称为祝融，是一个官职。祝融氏出多元，有黄帝时代的祝融容光（炎帝后裔），帝喾时代的祝融重、黎（蚩尤后裔），还有稍晚于重、黎的祝融吴回。重、黎担任祝融时，因镇压共工氏不力，被帝喾所杀。吴回接任祝融后，因平定共工氏而声威远播，死后被尊为火神、祝融神，被《白虎通义》《礼号谥记》列为远古三皇（伏羲、神农、祝融）之一。吴回之子叫陆终，因奉陆蠡（ΙΙ）为图腾而得名，生有六子，形成"祝融八姓"：改（己）、董、彭、妘、秃、嬎（曹）、媸（斟）、嬭（芈）。也就是说，祝融部族拥有八个不同的母系。"祝融八姓"分支很多，流传至今的有

128

数百个，人数进入前一百位的接近五分之一。

祝融八姓——改

"改"的象形字表示"女人生子"。

改（己）姓——何光岳的《中华姓氏源流史》说："黄帝之子夷鼓入赘改姓部落。"《姓源》说："黄帝封伏羲之后为己姓。"据此推断，黄帝之子夷鼓入赘东夷改姓部落后，以改为姓，其后裔在父系氏族社会去掉"女"字偏旁，改为己姓。《路史》说："金天氏子台骀之后有己姓。"意思是，在夷鼓之后，少昊金天氏建有己姓方国。少昊部族衰落后，由祝融吴回之孙、陆终长子樊统领其部族并继承了己姓，樊被封于昆吾（今河南省濮阳县东南），称昆吾氏，昆吾氏君主夏伯死心效忠夏桀，结果被商汤所杀，昆吾也被并入商。

苏氏——中国五十大姓氏之一，出自昆吾氏方国苏国。先是被夏朝封于苏（今河南省辉县苏岭），史称有苏氏，以紫苏为图腾，后被商汤所灭，苏妲己就是苏国后人。周代，昆吾氏后裔苏忿生被周武王拜为司寇，封于苏（今河南省温县西南），后被狄所灭，其后裔以故国为氏，是为己姓苏氏。历史人物有战国纵横家苏秦、汉使苏武、唐朝左武卫大将军（十二卫将军之一，正三品）苏定方、北宋文学家苏轼（东坡居士）。

温氏——出自昆吾氏方国温国，定都于温邑（今河南省温县上苑村），后被商汤所灭，其后裔以故国为氏，是为己姓温氏。名人有唐代诗人温庭筠（yún）、宰相温彦博，明朝内阁首辅温体仁。

寇氏——周朝司寇苏忿生的支孙称寇氏，为己姓寇氏。周朝司寇卫康叔的支孙以寇为氏；卫国公子郢的子孙为卫国司寇，后人以寇为氏，是为姬姓寇氏。北宋宰相寇准出自该氏。

郗（chī）氏——苏忿生的支子被封于郗邑（今河南省沁阳市贺村），其后人以封邑为氏，是为己姓郗氏。名人有东汉御史大夫郗虑、西晋太宰（三公之一）郗鉴、唐朝刑部尚书郗士美。

顾氏——中国一百大姓氏之一。昆吾氏的一支被夏朝封于顾（今河南省范县东），侯爵，后被商汤所灭，其后裔以故国为氏，是为己姓顾氏。历史人物有东晋画家顾恺之、明末学者顾炎武。

吾氏——昆吾氏后裔称吾氏，是为己姓吾氏。黄帝之孙吾融的后裔以吾为氏，是为姬姓吾氏。名人有明朝礼部侍郎吾绅。

扈氏——昆吾氏后裔被封于扈（今陕西省西安市鄠邑区一带），称有扈氏，夏启以武力称帝后，有扈氏起兵讨伐夏启，战败被灭，残部以故国为氏，是为己姓扈氏。名人有五代时期将领扈彦珂。

户氏——己姓扈氏的一支改称户氏。

终氏——陆终的孙子以祖名为氏，是为己姓终氏。夏朝太史令终古的后裔以终为氏。终葵氏的一支以终为氏，是为子姓终氏。名人有汉朝谏议大夫终军。

佟氏——夏朝太史终古的支孙以祖名为氏，先后称终古氏、冬氏、佟氏，是为己姓佟氏。历史人物有抗日名将佟麟阁。

祝融八姓——董

"董"的象形字表示"穿草编衣服的女人"。

董姓——中国五十大姓氏之一。陆终次子叫惠连（又名参胡），繁衍于吴山，当地多雨，女人习惯穿草编的衣服，所以奉"董"为图腾，以董为姓。周大夫辛之子任晋国史官，任务是"董督晋史"，意思是监督晋史记录，其后代以董为氏，是为姬姓董氏。历史人物有汉代哲学家董仲舒、明代书画家董其昌。

参氏——惠连又名参胡，其一支后裔以参为氏，是为董姓参氏。楚国大夫伍参的支孙以参为氏，是为芈姓参氏。后人有宋朝进士参徐。

廖氏——中国一百大姓氏之一。惠连之子叔安被夏朝封于飂（liáo，又作蓼，今河南省唐河县湖阳镇），称飂叔安，后被楚穆王所灭，后裔以廖为氏，是为董姓廖氏，史称河南省廖氏。皋陶的后裔被封于蓼（今河南省固始县东北蓼城岗），后被楚国所灭，其后裔以故国为氏，是为偃姓廖氏。周朝宗室伯廖的支孙以廖为氏，是为姬姓廖氏。名人有明代郧国公廖永安、国民党左派领袖廖仲恺。

龙氏——中国一百大姓氏之一。飂叔安之子董父擅长养龙，被舜赐豢龙氏，后简称龙氏，是为董姓湖北省龙氏。尧的后裔刘累擅长驯龙，被夏帝孔甲赐为御龙氏，其后裔以龙为氏，史称祁姓河南省龙氏。舜有个大臣叫纳言龙，其后裔以龙为氏，是为姚姓龙氏。商王武丁派正妻妇妌（jìng）灭掉龙方（位于殷商西北）后，将公族封于龙方，其后裔称龙氏，是为子姓龙氏。

关氏——古代豢、关同音，豢龙氏后裔关龙逢是夏朝名相，因功受封于关邑（今河北省石家庄市栾城区），其后裔以邑为氏，为董姓关氏。名人有三国名将关羽、唐朝宰相关播、元代杂剧作家关汉卿。

阙氏——关龙逄因直谏被夏桀所杀，其后裔迁入阙党邑，以居邑称阙氏，是为董姓阙氏。抗日名将阙汉骞出自该氏。

陆氏——中国一百大姓氏之一。惠连后来迁到陆乡（今山东省德州市陵城区），其后裔先后称有陆氏、陆氏，为董姓陆氏。齐宣王田辟疆的儿子通被封于陆终故地，其后裔以封地为氏，为妫姓陆氏。名人有西汉政论家陆贾，西晋文学家陆机，南宋词人陆游、哲学家陆九渊。

祝融八姓——彭

"彭"的象形字本义是"侧击鼓时发出的声响"。

彭姓——中国五十大姓氏之一。陆终三子叫篯（jiǎn）、铿（kēng）、翦（jiǎn），擅长擂鼓，因此以鼓的声音"彭"为图腾，以"彭"为姓，史称彭祖。传说他有49个妻子、54个儿子，子孙成群。彭族所建的大彭国，中心位于原阳（今河南省原阳县），后迁往彭山（今山东省济宁市），继而南迁彭城（今江苏省徐州市铜山区大彭镇），最终被商王武丁所灭。

韦氏——中国一百大姓氏之一。因彭祖的曾孙伯靡带领诸侯联军击败了寒浞，为少康赢得了复国之战，所以夏后少康封伯靡的儿子元哲于豨韦（今河南省滑县），建立了又一个彭姓方国。后来，豨韦国和大彭国成为商朝的威胁，被商王武丁灭国，其族人以韦为氏，为彭姓韦氏。汉将韩信被吕后所杀后，韩信幼子逃亡南越，为避难取韩字半边为氏，为姬姓韦氏。名人有汉朝丞相韦贤，北周上柱国韦孝宽，唐朝宰相韦贯之、中书令韦皋、诗人韦应物。

钱氏——中国一百大姓氏之一。彭祖之孙彭孚，是周文王的老师，拜钱府上士，其后裔以官职为氏，是为彭姓钱氏。名人有吴越开国君王钱镠、国学大师钱锺书、科学家钱三强。

暨（jì）氏——彭祖后裔被商朝封于暨（今河南省嵩县

西南），伯爵，后被商朝所灭，后裔以故国为氏，是为彭姓暨氏。名人有东晋关内侯暨逊。

祝融八姓——妘

"妘"的象形字本义是"女子犹如白云般轻盈漂亮"，指"美女"。

妘姓——陆终四子求言，又叫莱言，被帝喾封于郐（kuài，今河南省新郑市祝融墟），世称郐侯，继承了妘姓，被称为"祝融八姓"之首。郐国后被郑武公所灭。

云姓——妘姓后裔在父系氏族社会去掉"女"字偏旁，称云姓。黄帝以云命名官员，分别管理一年四季之事，其中夏官叫缙云氏，其后裔先后以缙云、云为氏，是为姬姓云氏。名人有唐朝右卫大将军（十二卫将军之一，正三品）、归德公云定兴。

会氏——求言被封于邻，后来被郑武公所灭，其后裔以故国为氏，后去"邑"称会氏，是为妘姓会氏。郑武公占据邻地后，将其封给后裔做采邑，其后裔以采邑为氏，是为姬姓会氏。偃国被鲁国灭亡后，偃国后人迁居邻地，以居地为氏，是为偃姓会氏。名人有明朝户部主事会士鉴。

求氏——求言后裔以求为氏，是为妘姓求氏。仇氏因避难改为求氏。裘氏的一支改为求氏。明朝郴州知州求伯杰出自该氏。

柴氏——求言后裔承勋被周武王封于晋（今山西省临汾市），赐柴氏，史称柴晋公，是为妘姓柴氏。孔子有位弟子叫高柴，其孙子举以柴为氏，是为姜姓柴氏。名人有后周皇帝柴荣、明朝兵部尚书柴车。

邬氏——求言后裔在春秋时期被封于邬（今河南省偃师市），侯爵，后被郑国吞并，其后人以故国为氏，是为妘姓邬氏。晋国大夫司马弥牟食采于邬（今山西省介休市邬城店），其后裔以采邑为氏，是为姬姓邬氏。名人有唐代书法家邬彤。

路氏——求言后裔在东周时期被封于潞（今山西省长治市潞城区东北），支孙去"水"以路为氏，是为妘姓路氏。炎帝支子被黄帝封于潞，子爵，后被晋景公吞并，潞国后人先后称潞氏、路氏，是为姜姓路氏。黄帝后裔玄元被尧帝封为路中侯，其后裔以国为氏，是为姬姓路氏。名人有唐朝宰相路岩、路随，当代作家路遥。

洛氏——潞国的一支后裔以洛为氏，是为妘姓洛氏。名人有明朝贵州省都指挥使洛宣。

鄢氏——邻侯助周武王灭商，被周武王重新封在鄢（今河南省鄢陵县），后被郑国所灭，改名鄢陵，其后裔以故国为氏，是为妘姓鄢氏。名人有明朝刑部右侍郎鄢懋卿。

焉氏——鄢氏后裔去"邑"以焉为氏。

夷氏——求言后人被封于夷（山东省青岛市即墨区西），后裔以封地为氏，是为妘姓夷氏。东周大夫诡诸食采于夷邑（今安徽省亳州城父），后被晋武公所杀，其后人以采邑为氏。齐僖公的同母弟叫夷仲年，其后裔以夷为氏。

雍氏——求言后裔被夏后封于雍（今河南省沁阳市东），

后被商朝所灭，其后裔以故国为氏，是为妘姓雍氏。名人有唐代诗人雍陶。

罗氏——中国二十大姓氏之一。求言后裔所建立的罗国（今河南省罗山县），周代位于今湖北省宜城罗川城，春秋时期被楚武王所灭，其后裔被强制南迁到今湖北省枝江、宜宾，以故国为氏，是为妘姓罗氏。历史人物有《三国演义》的作者罗贯中。

员（yún）氏——求言后裔被封于郧（今湖北省云梦县），后被楚国所灭，后裔去"邑"称员氏，是为妘姓员氏。名人有唐朝陕州刺史员半千、宋朝屯田员外郎员安舆。

邸氏——求言后裔被周武王封于邸（今山东省临沂市兰山区南坊镇邸古城），子爵，后被临近的郲国所灭，继而被鲁国吞并，后来成为楚国的邸县，邸子后裔以故国为氏，是为妘姓邸氏。历史人物有隋朝吏部主事、唐朝刑部员外郎邸怀道。

祝融八姓——嫚

"嫚"的象形字本义是"女人采摘野枣"。

嫚（曹）姓——中国三十大姓氏之一。陆终五子晏安，又叫安斟，奉"嫚"为图腾，以嫚为姓，因辅佐舜帝有功，被封于嫚（今陕西省周至县），其后裔在父系氏族社会去掉"女"字偏旁，以曹为姓。先是东迁曹阳（今河南省灵宝市东），商代东迁漕邑（今河南省滑县东）、定陶（今山东省菏泽市定陶区），最终亡于商朝。曹叔振铎被封为曹伯，建都陶丘（今山东省菏泽市定陶区），其后裔以国为氏，是为姬姓曹氏。历史人物有汉朝丞相曹参、三国政治家曹操、《红楼梦》作者曹雪芹。

朱氏——中国二十大姓氏之一。晏安后裔曹挟，被周武王封于邾（今山东省曲阜市南陬村），后被楚国吞并，其后人去"邑"称朱氏，是为曹姓朱氏。尧帝之子丹朱被舜击败，其中一支以祖名为氏，为祁姓朱氏。伏羲大臣朱襄氏被封于朱（今河南省商丘市柘城），后裔以朱为氏，为风姓朱氏。明太祖朱元璋赐沐英、金刚奴等二十多名养子以朱氏。宋国公子朱的后裔称朱氏，为子姓朱氏。名人有后梁开国皇帝朱温、宋代哲学家朱熹、明朝开国皇帝朱元璋。

让氏——传说明惠帝朱允炆（wén）逃出京城，改名让銮，出家隐居，其后裔以让为姓。清朝甘肃省按察使让继洵出自该氏。

邹（zōu）氏——中国一百大姓氏之一。曹挟受封于邾，称邾娄国。春秋初期，经齐桓公呈请，周天子封邾君克为子爵，史称邾子国。春秋中期，邾子迁都于绎（今山东省邹城市纪王城）。因邾娄被鲁国人合音读"邹"，在孟子建议下，鲁穆公改邾娄国为邹国。灭于楚后，邹国遗民异地建有邾城（今湖北省黄冈禹王城），后称邹氏，是为曹姓邹氏。舜后裔被商朝封于邹（今山东省邹城市东南的古邾城），后被曹姓夺封，邹国被迫迁往今山东省邹平市南，终为齐国所灭，子孙以故国为氏，是为姚姓邹氏。微子启被封于邹邑，其后人以封邑为氏，是为子姓邹氏。齐相邹忌、民主革命先驱邹容、出版家邹韬奋出自该氏。

娄氏——邾娄国一支后裔称娄氏，为曹姓娄氏。春秋时期，杞国东迁淳于（今山东省安丘市东北），杞君一支后裔封在娄邑（今山东省诸城市西南），以地名为氏，是为姒姓娄氏。

颜氏——邾武公夷父，名克，字颜，其后裔以颜为氏，是为曹姓颜氏。鲁伯禽的支庶食采于颜邑（今山东省邹城市），其后人以采邑为氏，是为姬姓颜氏。历史人物有孔子弟子颜回、"颜体"书法创造者颜真卿。

倪（ní）氏——出自邾国。夷父颜的次子友别，被周朝封于郳（ní，今山东省枣庄市山亭区东江村），是邾国附庸，被称为小邾国。被楚国灭亡后，子孙为避难去"邑"称倪氏，是为曹姓倪氏。名人有西汉御史大夫倪宽。

祝融八姓——嫪

"嫪"的象形字本义是"十分快乐的女人"。

嫪（dān，斟）姓——祝融后裔以嫪为姓，其后裔在父系氏族社会去掉"女"字偏旁，改为斟姓，夏代建有一系列斟国。汉代四门博士斟尚出自该姓。

寻氏——祝融后裔被夏封于斟郭（今山东省平度市西南），后被寒浞所灭，其后裔去"邑"以寻为氏。名人有西晋御史大夫寻曾、清朝岳州水师守备寻芳。

灌氏——祝融后裔被封于斟灌（今山东省寿光市东北斟灌店），后被寒浇所灭，其后裔以灌为氏。汉初将领灌婴出自该氏。

湛（zhàn）氏——祝融后裔被封于斟灌，后被寒浇所灭，其后裔为避难以封地偏旁合成"湛"氏，是为姒姓湛氏。名人有汉朝大司农湛重、明代学者湛若水。

祝融八姓——秃

"秃"的象形字本义是"男女野合"。

秃姓——祝融后裔出于对生殖的崇拜，以表示"男女野合"的"秃"为图腾，以"秃"为姓。

舟氏——秃姓被封于舟（今河南省新郑市周边），是商朝附属国，灭于周朝，其后人以故国为氏，是为秃姓舟氏。炎帝后裔建有舟国，其后裔以国为氏，是为姜姓舟氏。虢国大夫舟之侨的支孙称舟氏，是为姬姓舟氏。名人有虢国大夫舟之侨。

祝融八姓——嬭

"嬭"的象形字本义是"男女交配"。

嬭（mǐ，芈）姓——陆终六子季连，是荆楚先祖，他出于对生殖的崇拜，以嬭为姓，其后裔在父系氏族社会去掉"女"字偏旁，改为芈姓。芈姓后人有清朝进士芈翔。

端木氏——季连后裔鬻（yù）熊的次子叫端木，端木生典，典以父名为氏，称端木典，是为芈姓端木氏。历史人物有孔子弟子端木赐（子贡）。

贡氏——出自端木氏。端木典的后裔端木赐，字子贡，是孔子的弟子，曾任鲁相。子贡九世孙端木武为避"焚书坑儒"之祸，改为贡氏。南宋武德大夫贡祖文出自该氏。

熊氏——中国一百大姓氏之一。周成王感念鬻熊对周文王的辅佐之功，将鬻熊的曾孙熊绎封为子爵，建立了楚子国（中心位于今湖北省秭归县东南）。熊绎以曾祖父的名为氏，是为芈姓熊氏。名人有明朝兵部右侍郎熊廷弼。

楚氏——楚国一支公族以国为氏，是为芈姓楚氏。名人有宋朝天文学家楚衍。

荆氏——楚子国未建立前，其部族称荆楚，楚子国一支公族以荆为氏，是为芈姓荆氏。名人有战国刺客荆轲、北宋郑州防御使荆罕儒。

能（nài）氏——熊绎的儿子挚因残疾不能继任君主，被封于夔（kuí，今湖北省秭归县），子爵，史称夔子国。楚国宫廷对夔子不放心，春秋中期将其灭国，挚的后代为了避免株连，去掉"火"字旁以神兽"能"为氏，是为芈姓能氏。清朝翻译家能图出自该氏。

夔氏——夔子国后裔以故国为氏，是为芈姓夔氏。名人有南北朝后赵丞相夔安。

红氏——楚国君主熊渠薨后，其长子熊康早逝，本应由次子熊挚红继位，但其三子熊挚疵弑杀了熊挚红，自立为楚君，更名为熊挚延，熊挚红的子孙以父字为氏，是为芈姓红

146

氏。西汉楚元王刘交之子刘富被封于红（今江苏省萧县西南），史称红侯富，其后裔以封地为氏。明末义军首领红军友出自该氏。

敖（獒）氏——楚国君主熊仪，谥号"若敖"，其后裔以谥号为氏，后简称敖氏。颛顼的老师叫太敖（大敖），其后裔以敖为氏。名人有南宋诗人敖陶孙。

苗氏——若敖之孙伯棼（fén，斗越椒）在楚国内乱中被杀，伯棼之子斗贲（bēn）皇逃到晋国，协助晋国战胜了楚国，食采于苗（今河南省济源市西），其后裔以采邑为氏，是为芈姓苗氏。名人有唐朝宰相苗晋卿、元代农学家苗好谦。

卓氏——楚威王熊商次子叫公子卓，他的孙子楚国大夫滑以卓为氏，是为芈姓卓氏。名人有汉代才女卓文君、东汉太傅（负责教授太子品德和武学，位列三公）卓茂。

上官氏——楚怀王熊槐封幼子子兰为上官邑（今河南省滑县东南）大夫，子兰后裔以邑为氏，是为芈姓上官氏。历史人物有唐朝宰相上官仪。

昭氏——楚王熊轸复兴了楚业，得谥号"昭"，史称楚昭王，其支孙以祖父谥号为氏，是为芈姓昭氏，昭氏、屈氏、景氏为楚三闾（古代二十五家为一闾，指望族）。禹的大臣昭明与伯封叔一起创制了衍历，其后裔以昭为氏，是为姒姓昭氏。

包氏——楚国大夫申包胥，是伍子胥的朋友。在伍子胥发兵攻入楚都郢之后，他亲赴秦国求兵援楚，秦不答应，申包胥便在秦国城墙外哭了七天七夜，终于感动了秦国出兵。楚昭王复国后封赏申包胥，他坚持不受，退隐山中，从此被列为中国忠贤典范，其支孙以祖名为氏，是为芈姓包氏。历史人物有被誉为"包青天"的北宋监察御史包拯。

屈氏——楚武王之子熊瑕，官至莫敖（军事统帅，位于令尹之下），被封于屈（今湖北省秭归县），其后裔以封地为氏，是为芈姓屈氏。历史人物有爱国诗人屈原。

建氏——楚平王的太子名建，被楚国大夫费无忌陷害，在逃亡中被杀，其后裔以建为氏，是为芈姓建氏。

慎氏——太子建之子白公胜的后人被封于慎（今河南省正阳县），其后裔以慎为氏，是为芈姓慎氏。名人有五代词人慎温其、明朝监察御史慎蒙。

真氏——出自慎氏。南宋时期，为避宋孝宗赵昚（慎的古字）的名讳，大臣慎德秀改姓真。

景氏——楚国大夫景差的支孙以景为氏，是为芈姓景氏。齐国国君吕杵臼，得谥号"景"，史称齐景公，其支孙以祖父谥号为氏，是为姜姓景氏。名人有明朝御史大夫景清。

班氏——楚国令尹阙班（又叫斗班）的后裔以班为氏，是为芈姓班氏。历史人物有《汉书》作者班固、外交家班超、文学家班昭三兄妹。

叶氏——中国五十大姓氏之一。楚国宰相沈诸梁，字子高，因功被楚惠王赐食采于叶邑（今河南省叶县），史称叶公，其后裔以采邑为氏，是为芈姓叶氏。历史人物有现代教育家叶圣陶。

靳（jìn）氏——楚公族大夫靳尚被楚怀王封于靳江（湘江支流），其后裔以靳为氏，是为芈姓靳氏。名人有宋朝经学家靳裁之。

麻氏——楚国大夫食采于麻（今安徽省砀山县城关镇古

麻城集），为躲避灾祸，麻邑之尹婴率族人逃奔齐国，成为齐大夫，其后人以麻为氏，是为芈姓麻氏。名人有汉朝御史大夫麻光、明朝抗倭将军麻贵。

瓦氏——楚国大夫食采于瓦，其后裔以采邑为氏，是为芈姓瓦氏。子姓建有瓦国（今河南省延津县北），其后裔以国为氏。

养氏——楚国大夫由基是一名神箭手，以"百步穿杨"闻名，被封在养（今河南省沈丘县东南），人称养由基，其后代以封邑为氏，是为芈姓养氏。吴王僚被刺杀时，其子公子掩馀、公子烛庸在外领兵打仗，闻讯向楚国投诚，被安置在养邑，其后裔称养氏，是为姬姓养氏。东汉名儒养奋出自该氏。

都氏——楚国公子田受封于都邑，其后裔先后称公都氏、都氏，是为芈姓都氏。齐国公都子，是孟子的学生，其后裔以都为氏。名人有宋朝大司农都光远、明朝南京兵部尚书都杰。

保氏——楚国公族保的支孙以保为氏，是为芈姓保氏。

后人有明朝曲江知县保睿。

令氏——楚国令尹子文的后裔以官职为氏，是为芈姓令氏。晋国令狐文子的后裔先后以令狐、令为氏；鲁国令正（掌管王公官家文告辞令）的后裔以官职为氏，是为姬姓令氏。名人有汉朝中大夫（光禄勋属官）令免、明朝监察御史令曦。

揭氏——楚国设有官职司揭（掌管国家旌旗仪仗队），其后裔以官职为氏，先后称司揭氏、揭氏，是为芈姓揭氏。首任揭阳县令史定被汉武帝赐姓揭阳，后简化为揭姓。清代数学家揭暄出自该氏。

勇氏——楚国被灭后，楚国大夫熊勇携家人逃亡江浙，改称勇氏，是为芈姓勇氏。吴国大夫勇获出自该氏。

沐氏——端木赐（子贡）的后裔因避难改称沐氏，是为芈姓沐氏。名人有汉代东平太守沐宠。

七、偰后裔——好（子）姓

"好"的象形字表示"女人生子"。

帝喾的次妃简狄，出自东夷少昊部落有娀氏（原玄鸟氏，后称娀氏）。传说她与本宗族女子三人在河中沐浴，吞下玄鸟蛋而怀孕，生下了偰（xiè，契）。也就是说，偰并非帝喾亲子，只能随母亲算作东夷人。而且玄鸟是东夷人的图腾，暗示着偰是简狄与东夷男子非婚所生。偰，又名禼（xiè），别称阏伯，被尧帝任命为司徒，封为玄王，后因帮助禹治水有功，被舜帝封于商邑（今河南省商丘市），以好为姓，其后裔在父系氏族社会去掉"女"字偏旁，改为子姓。偰死后葬于阏伯台下，他的墓冢被称为"商丘"。

好姓后裔因建有商朝，所以分支众多。

好（子）姓——帝喾的养子偰以"好"为姓，其后裔在父系氏族社会去掉"女"字偏旁，以子为姓。

殷氏——偰的十四代孙商汤灭掉夏朝，经诸侯大会推举为天子，定都亳（今河南省虞城县谷熟镇），定国号商。后来，商王盘庚将国都从奄（今山东省曲阜市）迁到殷（今河南省安阳市小屯村），商从此冠名殷商。殷商灭亡后，遗民取殷为氏，是为子姓殷氏。名人有南朝文学家殷芸、唐朝吏部尚书殷峤（qiáo）、明朝南京兵部尚书殷正茂。

衣氏——在夷人口语中，殷、衣同音，殷商灭亡后，其遗民以衣为氏，是为子姓衣氏。

商氏——汤定国号为商，商被周朝灭亡后，商朝贵族以故国为氏，是为子姓商氏。卫鞅被秦国封为商君，其后裔以商为氏，是为姬姓商氏。历史人物有发现勾股定理的西周数学家商高、明朝内阁首辅商辂（lù）。

乙氏——汤，字天乙，后代子孙以祖字为氏，是为子姓乙氏。后人有东汉鲁相乙瑛、宋朝宁化知县乙太度。

一氏——汤的支庶子孙冢，按排行取壹为氏，后简化为一氏。明朝灵寿县丞一炫宗出自该氏。

汤（tāng）氏——号称成汤，其支孙以祖父称号为氏，乃子姓汤氏，史称河南省汤氏，为汤氏正宗。代表人物是明代戏曲家汤显祖。

梅氏——商王太丁之弟梅伯的后裔，被周武王封于梅邑（今安徽省怀宁县梅城），号忠侯，其后裔以封邑为氏，是为子姓梅氏，史称梅氏正宗。京剧表演艺术家梅兰芳出自该氏。

枚氏——枚与梅同音，梅氏的一支称枚氏。历史人物有汉代文学家、弘农太守枚乘。

初氏——成汤的支裔因避难改为初氏，是为子姓初氏。楚国贵族熊叔堪因避难改为初氏，是为芈姓初氏。名人有清朝兵部尚书初彭龄。

沃氏——商王沃丁推行德政，后裔以之为荣，取沃为氏，是为子姓沃氏。明朝荆州知府沃频（pàn）出自该氏。

匡氏——沃丁封儿子羊于匡（今大别山），称匡侯，被周武王灭亡后，其后裔匡俗兄弟七人迁居庐山，称庐山匡氏，是为子姓匡氏。鲁国大夫施孝叔的家臣句须出任匡邑（今河南省长垣市）宰，其孙以邑为氏；郑国匡邑（今河南省扶沟县）后人以邑为氏，称河南省匡氏，是为姬姓匡氏。名人有凿壁偷光的西汉丞相匡衡。

主氏——为避宋太祖赵匡胤的名讳，子姓匡氏改为主氏。赵武灵王禅位后自号主父（太上皇），其支孙取姓主父，后简化为主姓。明朝举人主问礼出自该氏。

祖氏——祖甲、祖乙、祖丁先后成为商王，其后裔以祖为氏，是为子姓祖氏。名人有东晋军事家祖逖（tì），南北朝时期数学家、天文学家祖冲之。

耿氏——祖乙将弟弟祖丙封于耿（今山西省河津市山王村），后被周朝所灭，其后裔以故国为氏，是为子姓耿氏。随后，周王室重建耿国，被晋国灭亡后，耿国公室外逃，以故国为氏，是为姬姓耿氏。历史人物有东汉名将耿弇（yǎn）。

庚氏——商王祖庚的后裔以庚为氏，是为子姓庚氏。邿娄公的后裔称庚氏，是为曹姓庚氏。唐朝太常博士庚季良出

155

自该氏。

相（xiāng）氏——河亶甲继位为商王后，将都城迁到自己的封地相（今河南省内黄县亳城乡），建造了相城。河亶甲之子商中宗将都城迁往邢（今河北省邢台市），留居相城的族人以故都为氏，是为子姓相氏。夏帝相的支庶子孙以祖为氏，是为姒姓相氏。明朝刑部郎中相世芳出自该氏。

南氏——商王盘庚的妃子姜氏，梦龙入怀，怀孕十二月生下一子，手握"南"字，长大后主管荆州，号南赤龙，其后裔以祖号为氏，是为子姓南氏。卫国公子郢，字子南，其支孙以祖字为氏，是为姬姓南氏。名人有国学大师南怀瑾。

武氏——中国一百大姓氏之一。商王武丁任用贤臣傅说（yuè）为相，任命帝妃妇好为将，促成了"武丁中兴"，武丁后人以祖名为氏，是为子姓武氏。宋武公的支孙以武为氏，是为子姓武氏。周平王少子出生时手心有"武"字，取名武，姬武后人以名为氏，是为姬姓武氏。

权氏——武丁裔孙封于权（今湖北省沙洋县北），被楚国占领后，权国迁往湖北省荆门，又被巴国所灭，其后裔以国为氏，是为子姓权氏。历史人物有唐朝宰相权德舆。

那（nuó）氏——权国被楚国灭掉后，权县尹斗缗率领权人发起暴动，很快被楚武王镇压。楚武王把权人迁往那处（今湖北省沙洋县西南那口城），权人后裔以居住地为氏，是为子姓那氏。

苑氏——武丁封庶子文（妇好之子）于苑（今河南省郑州市航空港区），侯爵，其后人以国为氏，是为子姓苑氏。齐国大夫苑何忌出自该氏。

瞿（qú）氏——出自子姓。商王武乙，名瞿，其后人以名为氏。商朝大夫被封于瞿上（今四川省成都市双流区瞿上城），后裔以地名为氏。

邦氏——商朝上大夫邦伯的后裔称邦伯氏，后简称邦氏，是为子姓邦氏。孔子弟子邦巽（xùn）的后代以邦为氏。明朝顺德府通判邦严出自该氏。

林氏——中国二十大姓氏之一。商朝太师比干犯颜直谏，被商纣王挖心而死，怀有身孕的比干夫人外逃，在长林（今河南省淇县）石室中生下儿子泉。周灭商后，因泉生于长林，周武王赐泉为林氏，是为子姓林氏。周桓王林的庶子叫开，以父名为氏，世称林开。历史人物有清代民族英雄林则徐。

支氏——尧舜时期有一位隐士，名叫支父，其后裔以支为氏，是为子姓支氏。周代宗法制度规定，嫡长子为"宗子"，嫡次子以下及其妾的儿子为"支子"，有的支子以支为氏。名人有汉朝大儒支曜。

昝（zǎn）氏——商朝司空昝单的支孙在昝字上添了一划为氏，是为子姓昝氏。名人有明朝顺庆知府昝云鹤、清朝中书舍人（内阁中书科官员，从七品）昝茹颖。

仝（tóng）氏——商王封支子于同（古同州，今陕西省大荔县），后被周朝所灭，其后裔以故国为氏，后以同字音"仝"为氏，是为子姓仝氏。汉朝太史令司马迁入狱后，其次子司马观为避难改姓同，后来同姓的一支改姓仝。清朝进士仝宗魁出自该氏。

多氏——商代多父鼎的后裔以多为氏。名人有汉代无锡侯多军。

迟氏——殷商贤人迟任的后裔以迟为氏。名人有明朝"铁

158

面御史"迟大成。

莱氏——殷商后裔被封于莱（都城为营丘，今山东省淄博市临淄区），子孙以国为氏。周朝初年，莱侯与齐太公争营丘，莱侯之子莱浮柔逃奔棠邑（今山东省鱼台县，一说今山东省青岛市即墨区南部）。明朝新喻县教谕莱从善出自该氏。

来氏——莱国都城营丘被齐国占领后，莱侯之子莱浮柔逃奔棠邑，因避难将莱氏改为来氏。汤的支孙食采于郲邑（今河南省荥阳市），其后裔去"邑"称来氏。历史人物有东汉征羌侯来歙（xī）、隋朝左翊（yì）卫大将军（十二卫将军之一，正三品）来护儿、唐朝宰相来济。

铁氏——春秋时期，商朝遗民居住在卫国铁丘（今河南省濮阳市北部），其后裔先后称铁丘氏、铁氏，史称铁氏正宗。历史人物有明初兵部尚书铁铉。

禄氏——纣王之子禄父的支孙以禄为氏，是为子姓禄氏。楚太子禄的后裔以禄为氏，是为芈姓禄氏。汉朝丞相萧何之妻禄母同出自该氏。

鲜于氏——商纣王的叔父箕子，被周武王封于朝鲜，其支子孙仲食采于于，其后裔将两地合称鲜于氏，是为子姓鲜于氏。名人有唐朝剑南节度使鲜于叔明。

鲜氏——鲜于氏的后裔简称鲜氏。后人有明朝瑞安知县鲜瑚。

萧（肖）氏——中国五十大姓氏之一。"三监之乱"后，萧氏作为"殷民六族"被伯禽带往鲁国。微子启十二世孙萧叔大心，因诛杀南宫长万有功，被宋桓公封于萧（今安徽省萧县），子爵，后被楚国所灭，子孙以故国为氏，是为子姓萧氏。1977年大陆第二次简化字方案将萧简化为肖，如今萧、肖通用。名人有汉丞相萧何、南齐皇帝萧道成、南梁皇帝萧衍、现代作家萧红。

索氏——帝甲封儿子丹于索（今河南省荥阳市索河沿岸），其后裔以封地为氏。"三监之乱"后，索氏作为"殷民六族"被迁往鲁国，是为子姓索氏。名人有东汉敦煌长史（刺史的助手）索班。

繁氏——出自子姓，繁氏作为"殷民七族"（陶工陶氏、旗工施氏、马缨工繁氏、锉工锜氏、篱笆工樊氏、儿城饥氏、锥工终葵氏）被分配给康叔。名人有汉代御史大夫繁延寿。

池氏——殷商遗民因功被周穆王封于渑池（今河南省三门峡市），后以封地为氏，是为子姓池氏。秦国大司马公子池的裔孙以字为氏，是为嬴姓池氏。明朝太常寺少卿池裕得出自该氏。

宋氏——中国三十大姓氏之一。在"三监之乱"中，微子启因顺应大势，被周公旦依照"二王后三恪"礼制封于宋（今河南省商丘市南），公爵，其后人以国为氏，是为子姓宋氏。历史人物有唐朝宰相宋璟（jǐng）、明代科学家宋应星。

黑氏——微子启的后裔以黑为氏，是为子姓黑氏。楚国公子黑肱的后裔以黑为氏，是为芈姓黑氏。明朝辽东参将黑元龙出自该氏。

戎氏——微子启的一个后代叫戎胥轩，其支孙称戎胥氏，后简称戎氏，是为子姓戎氏。汉朝都尉戎赐出自该氏。

牛氏——宋国司寇牛父的支孙称牛氏，是为子姓牛氏。名人有唐朝宰相牛僧孺、牛仙客。

合氏——微子启后裔向戌担任左师，食采于合（今安徽省合肥市东乡），其后裔以采邑为氏，是为子姓合氏。明朝蒙阴知县合鸾出自该氏。

孔氏——中国一百大姓氏之一。宋国第二任国君微仲九世孙叫嘉，字孔父，史称孔父嘉，是宋穆公的大司马，因受到迫害，其后裔逃亡鲁国，以祖字为氏，史称鲁国孔氏，是为子姓孔氏。郑穆公之子公子嘉，字子孔；郑穆公之子公子志，字士子孔，二人后代都选择以字为氏，史称郑国孔氏。卫国大夫孔悝的后裔以祖字为氏，是为姬姓孔氏。陈国大夫孔宁的后裔以祖字为氏，史称陈国孔氏，是为妫姓孔氏。名人有圣人孔子、西汉丞相孔光、《桃花扇》作者孔尚任。

木氏——宋国大夫孔金父，字子木，其支孙以木为氏，是为子姓木氏。端木赐（子贡）的后代为避秦仇改称木氏，是为芈姓木氏。名人有南宋礼部尚书木待问。

戴（代）氏——中国一百大姓氏之一。宋国国君子白，深受臣民爱戴，薨后被周朝定谥号为"戴"，史称宋戴公。其支孙以祖父谥号为氏，宋国华氏、乐氏、老氏、皇甫氏四族统称戴氏，是为子姓戴氏。名人有唐朝宰相戴胄、现代诗人戴望舒。

华（huà）氏——宋戴公之子好父说食采于华（今河南省商丘市），其子华督官至宋国太宰（宰相），以华为氏，是为子姓华氏。夏帝仲康封观于西岳，其后裔称华氏，是为姒姓华氏。名人有东汉名医华佗、现代数学家华罗庚。

花氏——华氏的一支改称花氏，是为子姓花氏。明朝广东省都指挥使花茂出自该氏。

督氏——华督的支孙以督为氏，是为子姓督氏。汉代五原太守督瓒出自该氏。

乐氏——宋戴公的儿子公子衍，字乐父，他的孙子夷父须取乐为氏，是为子姓乐氏。名人有战国名将乐毅、唐朝宰相乐彦玮、同仁堂创始人乐显扬。

皇甫氏——宋戴公之子充石，字皇父，其后裔改父为甫，是为子姓皇甫氏。西周太师皇甫的后代以官职为氏，是为姬姓皇甫氏。历史人物有东汉太尉皇甫嵩。

皇氏——皇甫氏的一支后裔简称皇氏，是为子姓皇氏。名人有三国时期青州刺史皇象、隋朝上州（四万户以上的州）

刺史皇冲。

宣氏——宋国国君子力，谥号"宣"，史称宋宣公。其支孙以祖父谥号为氏，是为子姓宣氏。名人有东汉司空宣酆、明代中书舍人宣嗣宗。

穆氏——宋国国君子和，谥号"穆"，史称宋穆公，其支孙以祖父谥号为氏，是为子姓穆氏。名人有明朝监察御史穆相。

晏氏——宋穆公庶子食采于晏，其子取名晏弱，以晏为氏，是为子姓晏氏。陆终之子晏安的后代以晏为氏，是为曹姓晏氏。尧帝大臣晏龙的后裔以晏为氏，是为姬姓晏氏。名人有齐国外交家晏婴、北宋宰相晏殊。

平氏——晏婴，字平仲，其支孙以祖字为氏，是为子姓平氏。韩哀侯将少子魏诺封于平邑（今山西省临汾市），其后裔以封邑为氏，是为姬姓平氏。名人有西汉丞相平晏、清代文学家平步青。

庄氏——宋国国君子冯，谥号"庄"，史称宋庄公，其支孙以祖父谥号为氏，是为子姓庄氏。楚国国君熊旅，谥号

"庄"，史称楚庄王，其支孙以祖父谥号为氏，是为芈姓庄氏。名人有古代思想家庄子、西汉丞相庄青翟、南宋兵部侍郎庄夏。

严氏——中国一百大姓氏之一。庄氏为避汉明帝刘庄之讳，改为严氏。名人有唐朝宰相严绶，近代启蒙思想家、翻译家严复。

鱼氏——宋国公子目夷，字子鱼，其支孙以鱼为氏，是为子姓鱼氏。名人有唐代女诗人鱼玄机、明朝开封知府鱼侃。

宗氏——宋襄公之弟子敖的孙子叫伯宗，其后裔以祖名为氏，是为子姓宗氏。四岳之后、偃姓宗国、妫姓陈国后裔也有人取宗为氏。汉景帝的三子刘德，官至宗正，其支孙先后称宗政氏、宗氏。名人有东汉司空宗俱、南宋东京留守（掌宫廷钥匙及京城守卫等事务，一般由亲王与大臣担任）宗泽。

褚氏——宋共公之子段，字子石，食采于褚邑（今河南省洛阳市），因德行可师，被誉为褚师，其后人以褚为氏，是为子姓褚氏。历史人物有唐朝宰相褚遂良。

边氏——出自子姓。宋平公之子御戎，字子边，其支孙以边为氏。商朝公族被封于边（今河南省商丘市），伯爵，其后裔以国为氏。名人有明朝户部尚书边贡。

时氏——宋国公子来受封于时邑（今山东省单县一带），称时来，其后代以邑为氏，是为子姓时氏。名人有北宋吏部尚书时彦。

干氏——宋国大夫干犨（chōu）的支孙以干为氏，是为子姓干氏。吴越铸剑名师欧冶子，别名干将，后裔称干氏。名人有宋朝建宁知府干成昂。

仇（qiú）氏——宋国大夫仇牧为被弑的宋缗公复仇，被南宫万摔死，其后代以仇为氏，是为子姓仇氏。明代画家仇英出自该氏。

所氏——宋国大夫华所事的后裔以所为氏，是为子姓所氏。名人有汉朝谏议大夫所忠。

正氏——宋国上卿正考父的支孙以正为氏，是为子姓正氏。名人有因揭发赵高被杀的正先、三国时期益州太守正昂。

菅（jiān）氏——宋国大夫食采于菅（今山东省单县），其后裔以采邑为氏，是为子姓菅氏。名人有唐朝河东节度使菅崇嗣。

泥氏——宋国大夫泥卑的支孙以泥为氏,是为子姓泥氏。汉朝犍为郡功曹(主管考察与记录业绩)泥和出自该氏。

老氏——宋国司马老佐的支孙以老为氏,是为子姓老氏。

门氏——宋国设有门官(近卫官),其支孙以官职为荣,称门氏。名人有明朝礼部尚书门克新。

八、舜后裔姚、妫姓

舜，名重华，字都君，出自东夷有虞氏，出生在姚墟（今河南省范县南，山东省鄄城县北），成长在妫水（今山西省永济市南），是尧的女婿，受尧的禅让成为部落联盟首领，定都于蒲阪（今山西省永济市蒲州镇），被列入"远古五帝"（据《尚书序》《史记》《大戴礼记》），尊号有帝舜、大舜、虞舜，是姚姓、妫姓始祖。舜虽出身东夷，但东夷与夏族已经基本融为一体，加上舜娶了尧的两个女儿为妻，因此按照上古时代入赘者的习俗，奉尧、颛顼、黄帝为祖先就不奇怪了，难怪司马迁说舜是黄帝的裔孙。舜是姚姓和妫姓的祖先，分支较多，如今人数排进前一百位的有六个。

"姚"的象形字表示"栽花种草的女人"。

姚姓——中国一百大姓氏之一。舜出生于姚墟，也就是女子栽花种草的地方，因此取姚为姓。历史人物有唐朝宰相姚崇、清代学者姚鼐。

虞氏——舜是有虞氏首领，被称为虞舜。舜与女英所生的儿子义均被禹封于商（今河南省虞城县），因此又称商均。商均继承有虞氏之号后，将商国改称虞国，其子思以虞为氏，是为姚姓虞氏。周太王次子仲雍随同长兄太伯来到东南，太伯病逝后，仲雍继任吴伯。周武王灭商后，将吴伯周章的弟弟虞仲别封于虞（今山西省平陆县北部），公爵，其后裔以国为氏，是为姬姓虞氏。名人有东汉司徒虞延、隋唐书法家虞世南、南宋宰相虞允文。

象氏——舜的弟弟象被封于有庳（今湖南省道县北），其后裔先后称有象氏、象氏，是为姚姓象氏。后人有秦朝将军象武。

卿氏——舜的后裔虞卿，名信，任赵国上卿，其支孙以官职为氏，为姚姓卿氏，史称卿氏正宗。后人有明朝扬州通判卿宾、清朝翰林院检讨（掌修国史，位置次于编修）卿悦。

明氏——虞国大夫百里奚的儿子百里视，字孟明，任秦国将军，其后裔以孟明为氏，后简称明氏，是为姚姓明氏。名人有唐朝谏议大夫明崇严、元末义军领袖明玉珍。

况氏——虞国君之子烈食采于况（今浙江省金华市），其支孙以采邑为氏，是为姚姓况氏。名人有明朝苏州知府况钟。

司徒氏——舜被尧任命为司徒，其支子后裔以官职为氏。卫国司徒瞒成、宋国司徒边邛、陈国司徒公子招的后裔以官职为氏。名人有唐朝太常卿司徒映。

濮氏——舜的儿子姚散被封于濮（今河南省濮阳县），其后代以封地为氏，为姚姓濮氏。后来，卫康叔的后裔被封于濮阳，其后裔以封地为氏，后简称濮氏，为姬姓濮氏。

蒲氏——舜后裔被夏朝封于蒲坂（今山西省永济市蒲州

一带），其后裔以封地为氏，是为姚姓蒲氏。名人有《聊斋志异》作者蒲松龄。

仪氏——舜后裔仪狄是禹的大臣，善于酿酒，居住在仪封（今河南省兰考县北），其后裔以祖名为氏，是为姚姓仪氏。卫国大夫食采于仪（今河南省开封市仪城），其后裔以采邑为氏，是为姬姓仪氏。郏子仪父的后裔以仪为氏，是为曹姓仪氏。名人有明朝兵部尚书仪铭。

遂氏——舜的后裔被商朝封于遂（今山东省宁阳县西北），后被齐国吞并，子孙以故国为氏，是为姚姓遂氏。名人有汉代尚书令遂湛之。

因氏——遂国有四大贵族遂因氏、颌氏、工娄氏、须遂氏，后被齐国所灭，遂因氏后裔以因为氏，是为姚姓因氏。明朝沧州知州因纲出自该氏。

潘氏——中国五十大姓氏之一。舜的后代被商朝封在潘（今陕西省兴平市北部），爵位为子，史称潘子国，后被周文王所灭，潘子后裔以故国为氏，是为姚姓潘氏。毕公高幼子季孙食采于古潘子国，支孙以采邑为氏，是为姬姓潘氏。

名人有西晋文学家潘岳、现代画家潘天寿。

仰氏——舜的大臣仰延是一位音乐家，将瑟由八弦改造为二十五弦，其后人以仰为氏，是为姚姓仰氏。秦国公子印的后裔以仰为氏，是为嬴姓仰氏。宋代孝子仰忻出自该氏。

韶氏——舜的乐官作有名曲《韶》，音如天籁。孔子在齐国听了《韶》乐，"三月不知肉味"。乐官后裔以曲名为氏，是为姚姓韶氏。

"妫"的象形字表示"驯服大象的女人"。

妫（guī）姓——尧将长女娥皇、次女女英嫁给舜，生息于妫水，也就是女人与大象并存的地方，所以舜的后裔以妫为姓。名人有陈胡公妫满、西晋大臣妫昆。

象氏——舜的弟弟象被封于有象（今河北省临城县），其后裔以象为氏，是为妫姓象氏。秦将象武出自该氏。

胜氏——舜后裔胜（申）屠氏的后人为避仇称胜氏，是为妫姓胜氏。

直氏——舜后裔直伯的支孙以直为氏，是为妫姓直氏。名人有汉朝御史大夫直不疑。

陈氏——中国第五大姓氏。周武王灭商后，得知遏父是舜三十二代孙，便将长女姬元嫁给遏父之子妫满，并将妫满封于陈（今河南省淮阳县），侯爵，其后裔以国为氏。此前，舜的儿子商均的后裔虞遂，被商朝封于陈，被周朝灭掉后，其后裔与占据此地的妫满后裔融合，统称妫姓陈氏。名人有西汉丞相陈平、《三国志》作者陈寿、南朝陈国皇帝陈霸先。

胡氏——中国二十大姓氏之一。妫满，谥号"胡"，史称陈胡公，其支孙以祖父谥号为氏，是为妫姓胡氏。东夷的分支归夷，在武丁时期建立胡国（今安徽省阜阳市），史称妢（fén）胡国，因未参与"三监之乱"，妢胡国君被周公旦封为子爵，称胡子国，其后裔以胡为氏，是为归姓胡氏。周朝将一位贵族封在胡（河南省漯河市郾城区与舞阳县交界处的胡城集），子爵，史称胡子国，春秋初期被郑武公吞并，其后裔以国为氏，是为姬姓胡氏。名人有近代学者胡适。

满氏——妫满的支孙以祖字为氏，是为妫姓满氏。名人有三国时期魏国太尉满宠。

袁氏——中国五十大姓氏之一。妫满十一世孙诸，字伯爰，爰与辕同音，伯爰的孙子爰涛涂又称辕涛涂，其后人去"车"以袁为氏，为妫姓袁氏，史称袁氏正宗。名人有西汉政论家袁盎、明末军事家袁崇焕、清代诗人袁枚。

宦氏——战国谋略家鬼谷子有一个弟子叫陈梅林，学成下山后却难登仕途，临终前嘱咐其子："我一生未入宦途，望你达成此愿。"其子改陈氏为宦，是为妫姓宦氏。

恩氏——陈国大夫成仲，字不恩，其支孙以祖字为氏，是为妫姓恩氏。西汉燕国侍中祭酒（侍中的长官）恩茂出自该氏。

田氏——中国五十大姓氏之一。陈国爆发内乱，陈厉公之子公子完率家人逃亡齐国，为了摆脱陈国影响，以采邑田为氏，被齐桓公任命为工正。其八代孙齐相田和自立为齐侯，并得到了周天子的追认，这就是史上著名的"田陈代齐"。

名人有西汉丞相田蚡、清代名臣田文镜、现代剧作家田汉。

敬氏——陈国公子完，谥号"敬"，其支孙以祖父谥号为氏，是为妫姓敬氏。黄帝玄孙敬康的后裔以祖名为氏，是为姬姓敬氏。名人有唐朝兵部侍郎敬晖。

毋（wú）氏——齐宣王田辟疆封其弟于毋仰（又称母乡、无盐，今山东省东平县），赐胡毋氏，后分出毋氏，是为妫姓毋氏。尧的大臣毋句因发明磬而闻名，其后人以毋为氏，是为祁姓毋氏。名人有宋朝监察御史毋恩。

母氏——毋、母二字通假，胡毋氏后裔择母为氏。

储氏——田氏齐国大夫储子，是孟子的朋友，其支孙以储为氏，是为妫姓储氏。唐代诗人储光羲出自该氏。

法氏——齐襄王法章的后代为避祸改为法氏，是为妫姓法氏。蜀汉谋士法正出自该氏。

占氏——陈完裔孙书，字子占，其支孙以祖字为氏，是为妫姓占氏。宋朝太子中舍人（东宫中庶子之下的官员，正五品）占统出自该氏。

疏（疎）氏——齐大夫田单率军光复齐国后，齐人欲拥戴他为王，田单推辞说："单乃疏氏，何可王焉？"其后人因此以疏（疎）为氏，是为妫姓疏（疎）氏。西汉道家疏广出自该氏。

束氏——汉宣帝时期，疏广任太子太傅，其曾孙孟达为避王莽之难，迁居沙鹿山（今河北省大名县），去"疋"称束氏，是为妫姓束氏。

车氏——汉朝丞相田千秋年事已高，步行不便，于是汉昭帝特准他乘坐车辇（niǎn）出入朝堂，赢得了"车丞相"的雅号，其一支后裔改姓车，是为妫姓车氏。名人有"囊萤夜读"的晋朝名士车胤。

九、禹后裔——姒姓

"姒"的象形字表示"怀胎的女人"。

　　姒姓，上古八大姓之一，最早可以追溯到有蟜氏。《国语》讲："少典（有熊氏）娶有蟜氏，生黄帝、炎帝。"还有一种说法是，有蟜氏即女娲氏，是燧人氏与华胥氏之女，太昊伏羲氏的妹妹兼妻子，宓妃与女登（任姒）之母，炎帝的外祖母。这两种说法都来自传说，其中一定掺杂着加工的成分，但有一点是肯定的，那就是姒姓与黄帝的姬姓并无传承关系。司马迁认为禹是黄帝的十世孙，颛顼的孙子，当不足信。禹，姒姓，名文命，字密，史称大禹、帝禹，是来自有崇氏的鲧与来自有莘氏的修己所生的儿子。因治理洪水有功，受舜禅让为帝，定国号夏。尽管禹名声显赫，但因为夏朝灭亡较早，所以目前能排进前一百位的姒姓分支仅有两个。

姒（sì）姓——古代姒、邰同源，台即以，始即姒。出于对生殖的崇拜，鲧把"以"也就是"胎"作为宗族图腾，以姒为姓。传说他被帝尧封于崇（今河南省嵩山周边），伯爵，称有崇氏。历史人物有大禹之子姒启（夏启）。

似氏——姒姓后裔在父系氏族社会去掉"女"字偏旁，改称似姓。

佀（sì）氏——姒与佀同音，姒姓后裔以佀为氏。历史名人有明朝户部尚书佀钟。

崇氏——鲧被封于崇（后迁到今陕西省西安市鄠邑区一带），崇国后被周文王所灭，其后裔以国为氏，是为姒姓崇氏。楚国名士潘崇因拥立楚穆王有功，被拜为太师，其支孙以祖名为氏，是为芈姓崇氏。历史名人有西汉谏议大夫崇军。

司空氏——禹被尧任命为司空，其支孙以官职为氏，是为姒姓司空氏。尧后裔隰叔之孙士劳（wěi）任晋国司空，其支孙以官职为氏，是为祁姓司空氏。晋国大夫司空靖的后裔以官职为氏，是为姬姓司空氏。历史名人有唐代诗人司空曙。

禹氏——夏禹的支孙以禹为氏，是为姒姓禹氏。求言后裔被周公旦封于郮（今山东省临沂市兰山区南坊镇古城村），子爵，邾国附庸，后被鲁国所灭，其后裔以故国为氏，后去"邑"称禹氏，是为妘姓禹氏。历史名人有清代画家禹之鼎。

夏（野人，下）氏——中国一百大姓氏之一。禹与涂山氏之女生启，禹驾崩后，启用武力征服了新帝伯益，夺取了夏后之位，成为由禅让制变为世袭制的第一人，在传统上被认为是中华第一个帝王。夏被商灭后，其后裔称夏后氏，后简称夏氏，是为姒姓夏氏。历史名人有北宋宰相夏竦、明朝宰相夏言、烈士夏明翰。

杭氏——禹治水成功后，将船只交给庶子管理，并将他封于余航（今浙江省杭州市余杭区），其支子改航为杭，称杭氏。古代杭、抗二字通用，汉朝长沙太守抗徐改姓杭。名人有明朝都督同知杭雄。

启氏——夏启的支孙以祖名为氏，是为姒姓启氏。

水氏——禹的支孙担任水工（治水工程人员），在治水成功后留居会稽山，以水为氏，是为姒姓水氏。名人有明朝四川省按察使水佳应。

邓氏——中国三十大姓氏之一。夏帝仲康封支庶于邓（今河南省孟州市古邓城），被商王武丁攻灭后，迁往邓城（今河南省漯河市郾城区东南），以故国为氏，是为姒姓邓氏。武丁灭邓后，封叔父曼季于邓（古邓城），侯爵，被周武王攻灭后，南迁邓塞（今湖北省襄阳市北），春秋时又被楚国所灭，邓人北迁河南省邓州，以故国为氏，是为子姓邓氏。

褒氏——禹的后裔被封于褒（今陕西省褒城县），国灭后以褒为氏，是为姒姓褒氏。周幽王后褒姒出自该氏。

鲍氏——禹的裔孙敬叔食采于鲍（今山东省济南历城区），其子叔牙以采邑为氏，称鲍叔牙，以主动让贤于管仲而彪炳史册，是为姒姓鲍氏。历史人物有东汉太尉鲍昱(yù)、南朝作家鲍照。

空氏——禹的后裔伊尹生于空桑（今鲁西、豫东地区），伊尹给长子取名空桑，空桑后裔以空为氏，是为姒姓空氏。商纣王当政时，商纣王的长兄微子启空有国相之位而毫无职权，自号空相氏。其支孙称空氏，是为子姓空氏。

衡氏——伊尹助汤灭夏，被封为尹（宰相），赐尊号阿衡（意为国家的倚靠），其支孙以衡为氏，是为姒姓衡氏。鲁国公子衡的支孙以衡为氏，是为姬姓衡氏。汉代讲学大夫衡咸出自该氏。

阿氏——伊尹尊号阿衡，其支孙以阿为氏，是为姒姓阿氏。明朝晋宁知县阿其麟出自该氏。

郁（yù）氏——禹的老师郁华，见识非凡，其后裔以郁为氏，是为姒姓郁氏。鲁国宰相郁黄（郁贡）的支孙称郁氏，是为姬姓郁氏。宋国公族避难来到吴国，食采于郁邑（今江浙之间），称郁伯，其后裔以采邑为氏，是为子姓郁氏。作家郁达夫出自该氏。

扶氏——禹的大臣扶登，负责营造都城、宫殿、祭坛并扶助君王登位，因而称"扶登"，其支子后裔先后称扶登氏、扶氏，是为姒姓扶氏。汉代学者扶卿出自该氏。

男氏——禹后裔有人称男氏，是为姒姓男氏。

计氏——禹后裔被夏朝封于计（今山东省胶州市），后被周朝所灭，其后裔以故国为氏，是为姒姓计氏。莒国曾建都于计斤，莒国后人以都城为氏，是为嬴姓计氏。名人有宋代朝奉大夫计衡、清代画家计西龙。

甘氏——夏代公族被封于甘（今河南省洛阳市西南），亡国后君主家族以故国为氏，是为姒姓甘氏。商王小乙的世子武丁继位后，拜甘盘为相，其支孙以甘为氏，是为子姓甘氏。周惠王少子带食采于甘，其支孙以甘为氏，是为姬姓甘氏。名人有先秦天文学家甘德、汉朝副使甘英。

穈（穈）氏——禹的后裔擅长种植穈子，建有穈子国（穈国），族人以国为氏；禹的后裔被周公旦收集于穈地（今陕西省白河县东南），重建穈国，子爵，国君称穈子，后被楚国所灭，其后裔以故国为氏，是为姒姓穈氏。楚国大夫被封于南郡穈亭（今河南省汝南县），称穈君，其后裔以封地为氏，是为芈姓穈氏。名人有三国时期吴国经学家穈信。

观氏——夏启五弟被封于观（今山东省莘县），称五观、武观，后因不满启的统治被流放到西河（今河南省安阳市一带），沦为平民，其后裔以故国为氏，是为姒姓观氏。后人有楚国大夫观射父。

莘（shēn）氏——远古时期有个部落叫有莘氏，禹的母亲修已就出自该部落。夏启将庶子挚封于莘（今陕西省合阳县东南），其后裔以封地为氏，是为姒姓莘氏。明朝枣阳知县莘野出自该氏。

辛氏——莘国灭亡后，莘国遗民去"艸"字头以辛为氏。名人有南宋词人辛弃疾。

窦氏——夏帝太康沉溺游猎，被有穷氏首领后羿阻挡在黄河北省岸。太康的妃子后缗被关入窦（指地洞），后来怀着身孕从窦中逃出，回到娘家有仍氏（今山东省济宁市）生下少康。少康称帝后，他的次子龙留居有仍氏，为纪念祖母出逃以窦为氏，是为姒姓窦氏。历史人物有西汉丞相窦婴。

曾氏——中国五十大姓氏之一。少康封次子曲烈于缯（zēng，今河南省方城县北），古代缯、鄫通用，又称鄫子国。周武王灭商后，封鄫子国后人于蛮荒之地鄫（今山东省兰陵县向城镇），子爵，后被莒国所灭，逃亡鲁国的鄫太子巫去"邑"为氏，是为姒姓曾氏。名人有孔子弟子曾子（曾参）、北宋文学家曾巩、清代名臣曾国藩。

艾氏——夏代女将女艾（汝艾）作为间谍前往过国，骗取了过国君主寒浇的信任，获取了大量情报，帮助少康一举攻灭了过国，其后裔以艾为氏，是为姒姓艾氏。商朝建有艾国（在河南省安阳市附近），被周武王攻灭后，余族东逃山东省艾陵（今山东省泰安市泰山区邱家店镇旧县村），以故国为氏，是为子姓艾氏。名人有唐朝辅国大将军（武官的第二级，正二品）艾朝、明朝户部侍郎艾希淳。

欧阳氏——少康封庶子无余于会稽（今浙江省绍兴市），号禹越，是为越国，到句践六世孙无疆为越王时，被楚国所灭，无疆的次子蹄被封于乌程欧余山南部（今浙江省吴兴县），山南为阳，称欧阳亭侯，其支孙称欧阳氏，是为姒姓欧阳氏。名人有唐代文学家欧阳修、"欧体"书法创造者欧阳询、中国月球探测工程首席科学家欧阳自远。

欧氏——与欧阳氏同宗。欧阳亭侯的一支后裔称欧氏。名人有明朝辽阳总兵欧信。

嵇（jī）氏——无余被封于会稽，主持禹的祭祀，其后裔以稽为氏，是为姒姓稽氏。汉代，稽氏迁往嵇山（今安徽省涡阳县北部），改为嵇姓。历史人物有"竹林七贤"之一的嵇康。

越氏——越国灭亡后，其后裔以故国为氏，是为姒姓越氏。齐国贤才越石父出自该氏。

区（ōu）氏——无余的后裔区冶子，被越王允常聘为兵器冶炼官，他制造的兵器冠绝天下，其后裔以区为氏，是为姒姓区氏。名人有明朝南京户部侍郎区大伦。

植氏——越王句践后裔被封在南越植邑（今广东省广州市番禺区南部），其后人以封邑为氏，是为姒姓植氏。历史人物有南汉大将植廷晓。

楼氏——夏帝少康三十六世孙娄衢（qú），被周武王封于杞（今河南省杞县），公爵，以主夏祀，称东楼公，其后裔以楼为氏，是为姒姓楼氏。名人有秦国丞相楼缓、宋朝史部尚书楼钥。

杞氏——杞国被楚惠王所灭，末代君主杞简公春的后裔逃到鲁国，以故国为氏，是为姒姓杞氏。历史人物有孟姜女的丈夫——齐国大夫杞梁（又叫杞殖）。

夏侯氏——杞国被楚国灭亡后，杞简公的弟弟佗逃亡鲁国，被鲁悼公封为侯爵，称夏侯氏，是为姒姓夏侯氏。名人有三国时期魏国大将军夏侯惇、唐朝宰相夏侯孜。

把氏——东楼公的后裔杞康为避董卓之难，改称把氏，为姒姓把氏，史称把氏正宗。名人有西魏襄州刺史把秀。

淳于氏——夏桀少子淳维的后裔，被周武王封于斟灌氏故地（今山东省安丘市东北），称淳于公。春秋初年，杞国从河南省东迁滕州、新泰，最终于杞武公时期迁到淳于城，与淳维后人会合，以淳于为氏，是为姒姓淳于氏。原州国被迁来的杞国所灭，州国公族定居淳于城，其后人以居地为氏，是为偃姓淳于氏。名人有东汉司徒淳于嘉、医学家淳于意。

淳氏——淳于氏后裔简称淳氏。宋朝进士淳坤出自该氏。

弋（yì）氏——禹后裔被封于弋邑（今山西省永济市、

夏县一带），其后裔以封邑为氏，是为姒姓弋氏。明朝御史弋斌出自该氏。

卜（bǔ）氏——夏朝巫师和周朝掌管卜筮（shì，占卦）的官员称卜正，其后裔以职业为氏，是为姒姓卜氏。后人有晋国学者卜商（子夏）、西汉御史大夫卜式。

十、皋陶后裔——嬫姓

"嬫"的象形字表示"女子在阳光普照的户外隐匿处休息"。

　　皋陶，出生在伏羲、少昊的传统领地山东省曲阜，因所属的东夷部落以燕为图腾，燕、嬫同音，于是以嬫为姓，皋氏，名繇，称咎繇，相传长期担任舜、禹的士师，架构了中国最早的司法体系，采用独角兽獬豸（xiè zhì）治狱，坚持公平公正，强调法治与德政相结合，形成了影响深远的"皋陶文化"，是与尧、舜、禹齐名的"上古四圣"之一，被禹选为继位人，因为早逝未能继位。有人认为皋陶之偃姓与伯益之嬴姓为一姓，同出于东夷少昊部族，有待考古学验证。至于司马迁说皋陶是黄帝的后裔、颛顼的裔孙，当不足信。偃姓分支建立的皆是小方国，而且春秋时期就被楚国灭掉了，因此维持至今的不过几十个，唯有李氏异军突起，成为中国第二大氏。

嬨（偃）姓——东夷部落首领皋陶，取部落图腾"燕"的同音字"嬨"为姓，其后裔在父系氏族社会去掉"女"字偏旁，以偃为姓。皋陶的次子仲甄被封于偃（今山东省曲阜市）。周朝建立后，在偃国地盘上建立鲁国，是为姬姓偃氏。后来楚国尽灭偃姓之国，其后人以偃为氏，是为芈姓偃氏。名人有明朝进士偃师。

理氏——皋陶是尧的理官（负责司法），其后裔相继承了大理之职，子孙以官职为氏，是为偃姓理氏。历史人物有因直谏被商纣王所杀的理官理徵。

李氏——中国第二大姓氏。商朝大臣理徵因直言被商纣王所杀，其子理利贞在逃亡时以李子维持生命，后来以李为氏，称李利贞，是为偃姓李氏。唐朝皇帝赐功臣徐世勣、杜伏威、罗艺等和降服于唐的少数民族首领以李氏，致使李氏人口剧增。名人有唐太宗李世民、唐代诗人李白、南唐开国皇帝李昪（biàn）、南宋女词人李清照、明代医学家李时珍、现代作家李尧棠（巴金）、现代画家李苦禅与李可染。

利氏——李氏后人为纪念先祖李利贞，以利为氏，是为偃姓利氏。楚国公子受封于利邑（今四川省广元市），其支孙以封邑为氏，是为芈姓利氏。晋国公孙食采于利邑，其后人先后称利孙氏、利氏，是为姬姓利氏。名人有西汉丞相利苍。

甄（zhēn）氏——甄本义是制作陶器。皋陶的次子仲甄因帮助东夷人制作陶器，被舜赐为甄氏，是为偃姓甄氏。名人有西汉少傅甄丰、北周数学家甄鸾。

英氏——仲甄被封于英（今湖北省英山县），后被楚国所灭，其后人以国为氏，是为偃姓英氏。名人有秦末汉初名将英布。

皋氏——皋陶的支孙以皋为氏，是为偃姓皋氏。东周贤人皋鱼出自该氏。

阮（ruǎn）氏——皋陶后裔髡（kūn）被商朝封于阮（今甘肃省泾川县），后被周文王所灭，阮国王族被迫东迁，相

190

约以故国为氏，是为偃姓阮氏。名人有三国时期魏国文人阮籍、明朝兵部尚书阮大铖。

州氏——皋陶后裔被周武王封于州（今山东省安丘市），公爵，其后裔以州为氏，是为偃姓州氏。春秋勇士州绰出自该氏。

绞氏——出自偃姓。偃姓绞国（今湖北省十堰市郧阳区西北）在春秋时期被楚国所灭，其子孙以国为氏。

轸氏——皋陶后裔被封于轸（今湖北省应城市西），后裔以国为氏。

皖氏——皋陶后裔被封于皖（今安徽省潜山县北），春秋时期被楚国所灭，子孙以国为氏。

舒氏——皋陶后裔被周武王封于舒（今安徽省舒城县），有舒、舒庸、舒蓼、舒鸠、舒龙、舒鲍、舒龚等小国，史称"群舒"，皆是子爵国，后被徐国吞并。楚、徐爆发"娄林之战"后，群舒趁机复国，后被楚国兼并，其后人以故国为氏，是为偃姓舒氏。名人有唐朝御史中丞舒元舆。

涂氏——皋陶部落在夏代称涂山氏（今安徽省怀远县），

其后人称涂氏，是为偃姓涂氏。名人有晋朝大司马涂钦、清朝湖广总督（统辖一省或数省的军政长官，正二品）涂宗瀛。

十一、蚩尤后裔

　　蚩尤，上古九黎氏族部落首领，与炎帝、黄帝合称"中华三祖"。他生活在黄河中下游的河南省、山东省、河北省交界处，这里被称为"九黎之都"。在远古传说中，他是战神与兵器之神，曾与炎帝大战并把炎帝打败。后来，以他为首的九黎部落联盟，与炎帝、黄帝联合体在古涿鹿（今山西省运城市）展开了恢弘而惨烈的"涿鹿之战"，蚩尤战败被杀，九黎部落联盟随之解体，今山东省一带的长夷、鸟夷、风夷等东夷族群被黄帝部族合并、同化，成为中原华夏集团的黎民；那些不肯屈服的部族则向南迁徙，在尧舜禹时期集中收缩在长江一线，形成了与华夏抗衡的"三苗"部落联盟。

（一）融入炎黄部落联盟

黎氏——中国一百大姓氏之一。"涿鹿之战"后，九黎部落联盟的一支归附少昊，其首领祝融黎被帝喾封为火正（掌管民事），其后裔以黎为氏。商代有两个黎国，一个在今山西省长治西南部，一个在山东省郓城西部，商末灭于周朝，其后裔以国为氏。商汤后裔被周武王封于黎，侯爵，后代以国为氏，是为子姓黎氏。

屠氏——蚩尤战死后，其一支后裔归顺炎黄部落，迁到邹屠之地（今山东省邹平市），后以屠为氏。舜后裔申屠氏的一支简称屠氏。商汤支庶封于鄗（今陕西省合阳县），其后裔去"邑"称屠氏，是为子姓屠氏。名人有清朝都察院御史屠仁守、诺贝尔生理学或医学奖获得者屠呦呦。

蚩氏——蚩尤的后裔为纪念先祖以蚩为氏。

北氏——黄帝战胜蚩尤后，把被俘的蚩尤部落迁移到北地，这支部落以北为氏。

祝氏——九黎部落联盟的祝融重、黎被帝喾所杀后，其

194

后裔称祝氏。祝融吴回一支后裔称祝氏。尧后裔被周武王封于祝（今山东省济南市长清区祝阿故城，一说在今济南市槐荫区古城村），公爵，其后裔以国为氏，是为祁姓祝氏。名人有东汉司徒祝恬、唐朝宰相祝钦明、明代书法家祝允明（号枝山）。

融氏——祝融重、黎一支后裔称融氏，祝融吴回一支后裔也称融氏。

和氏——祝融重、黎的后代羲和为掌管天地四时之官，其后人和仲、和叔以祖字为氏。宋穆公和的支孙以祖名为氏，是为子姓和氏。春秋楚国人卞和是一名玉工，以在荆山得到璞玉而闻名，其支孙以祖名为氏。西晋中书令和峤出自该氏。

句（gōu）氏——少昊时期的祝融重，又称句芒，为木官，是神话传说中的木神（春神），其支孙以句为氏。越王句践的后裔以句为氏，是为姒姓句氏。宋朝河东路转运使（主管运输事务的官员）句克俭出自该氏。

苟氏——祝融重（句芒）的后裔先称句氏，后改称苟氏。春秋楚国大夫食采于苟邑，其支孙以采邑为氏，是为芈姓苟氏。晋国荀氏后裔为避难改称苟氏，是为姬姓苟氏。名人有西晋大将军苟晞。

程氏——中国五十大姓氏之一。祝融重、黎的后裔伯符，担任周朝的日正（主管天地之象），曾向朝廷进献祥瑞之物，被封于程（今河南省洛阳市东），伯爵，称程伯符。其后裔程伯休父被周宣王拜为大司马，徙封于程邑（今陕西省咸阳市东北），赐司马氏，其长子继承司马氏，次子以封邑为氏，是河南省、陕西省程氏的来源。晋国大夫荀骓食采于古程国（今山西省新绛县东北），其后裔以邑为氏，为姬姓程氏，是山西省程氏的来源。名人有北宋思想家程颢。

司马氏——与程氏同源。程伯休父被周宣王拜为大司马，赐司马氏。历史人物有汉代史学家司马迁、北宋宰相司马光。

危氏——舜将三苗国强制西迁三危山（今甘肃省敦煌市西部），改称三危国，其后裔以危为氏。北宋太学博士（学官）危祐出自该氏。

元氏——信州刺史危仔倡投奔吴越王钱镠，被任命为淮南节度副使，钱镠认为"危"姓不吉利，便赐仔倡姓元，其子元得昭是吴越国丞相。商太史叫元铣，坚决反对商王乙立次子受辛（商纣王）为太子，其后人以元为氏，是为子姓元氏。名人有唐代诗人元稹。

（二）苗、瑶、畲族（从略）

十二、匈奴后裔

匈奴，是诞生于今内蒙古自治区河套及大青山一带的远古游牧部落。因游牧在年降水量小于 400 毫米的非季风区，气候干旱，只能放牧，所以从战国时期就屡屡越过长城，到气候湿润、种植庄稼的季风区抢劫。秦末汉初，匈奴单于（chán yú）冒顿（mò dú）统一了蒙古草原，建立了与汉帝国相抗衡的草原帝国。匈奴与中原王朝之间的拉锯战，直到汉末方才告一段落，北匈奴战败西逃匈牙利，建立了引发欧洲持续动荡的阿提拉汗国；南匈奴则向汉朝称臣，并在南北朝时期逐鹿中原，取了汉姓，先后建立了汉、前赵、北凉、大夏等政权。随后，其部族绝大多数融入汉族，少部分被鲜卑收容。

刘——出自单于嫡系挛鞮（luān dī）氏，因汉朝公主嫁入匈奴，在南匈奴进入中原后，根据匈奴从母姓的习俗，改从母姓刘，逐步融入汉族，自称河南省（黄河以南）刘氏。历史人物有汉（汉赵）皇帝刘渊。

赫连——匈奴左贤王去卑之孙建立的部落，呼父为鲜卑，呼母为铁弗，所以号称铁弗氏。十六国时期，铁弗部首领勃勃耻于姓铁弗，改姓赫连，在河套地区建立大夏国，其后裔逐渐汉化。名人有北周大将军、夏州总管赫连达。

呼延——出自北匈奴呼延王部，是匈奴单于异姓四大姓之一，秦汉之际驻牧在东部天山，后来为汉西域长史班勇所破，呼延王率两万部众归附汉朝，融入汉族。名人有北宋辽州刺史呼延赞。

呼——呼延氏的一部改为呼氏。名人有明朝广西总兵呼良朋。

卜——出自匈奴须卜氏，是匈奴单于异姓四大姓之一，后融入汉族，改姓卜。名人有前赵大司农卜豫。

兰——出自匈奴休屠部乌洛兰氏，是匈奴单于异姓四大姓之一，后改姓兰；拔列兰氏也改姓兰。名人有北魏宰相兰延、唐朝右武卫将军（十二卫将军之一，从三品）兰长基。

乔——出自匈奴丘林氏，是匈奴单于异姓四大姓之一，后改姓乔。后人有前赵黄门侍郎乔诗、车骑将军乔泰。

沮渠——左、右沮渠是匈奴屠各部卜氏的专有官职，左沮渠偏重行政，右沮渠偏重军事，其后人统称沮渠氏。名人有北凉王沮渠蒙逊、北魏雍州刺史沮渠康。

金——匈奴休屠王驻扎在今甘肃省武威，其太子金日磾（mì dī）少年时代被霍去病俘虏，长大后成为汉武帝宠臣，其直系后裔以金为姓。

丛——金日磾的后代迁居今山东省威海市文登区丛家岘，后以地名为姓。历史人物有明朝南京工部尚书丛兰。

浑——汉元狩二年（前121），在霍去病打击下，匈奴浑邪王率领四万部众投降汉朝，被汉武帝封为漯阴侯。其后裔融入汉族，以浑为姓。历史人物有唐朝太师浑瑊（jiān）。

贺兰（贺赖）——出自贺兰部，又称贺赖氏，是汉代游牧在贺兰山地区的匈奴部落。匈奴衰落后，贺兰部屡次为鲜卑拓跋部效忠，与之世代姻亲，因此被称作贺赖，意为忠诚。

历史人物有唐朝河南省节度使贺兰进明。

仆固——出自匈奴仆固部，后来融入铁勒部和薛延陀部。历史人物有唐朝朔方节度使仆固怀恩。

十三、月氏后裔

来自西方的吐火罗人，在秦末汉初游牧在河西走廊一带，迫于匈奴帝国的压力，小部分躲进南山，称小月氏（yuè zhī）;大部分西迁伊犁河流域，继而南迁大夏（今阿富汗），称大月氏。他们在隋唐时期衍生出昭武九姓：康国、米国、史国、何国、安国、石国、曹国、火寻国、戊地国。伴随着丝绸之路的开通，昭武九姓以经商、出使、参军、传教、避难等名义进入中国。小月氏的后裔羯人则在东晋时期逐鹿中原。

安——来自古安息国和隋唐时期的安国（今乌兹别克斯坦布哈拉）。历史人物有"安史之乱"的发起者安禄山，他本是康国粟特人，后随母亲改嫁进入安国，后随父姓安。

康——汉代的康居人、隋唐时期康国（今乌兹别克斯坦撒马尔罕）的粟特人，以经商的名义来到中国，有的因与当地女子婚配，有的因战争阻隔落居中国。历史人物有唐代凉州刺史康感官、石城镇使康艳典。

史——出自隋唐时期的史国（今中亚卡什卡河以南）。历史人物有"安史之乱"发起者之一史思明。

曹——出自隋唐时期的曹国（今撒马尔罕以北）。名人有唐朝北庭都护（驻守西域的最高长官）曹令忠。

石——一支出自羯人，汉末与匈奴、鲜卑、氐、羌形成"五胡"，抓住西晋"八王之乱"之机进入中原，羯人首领石勒建立后赵，后被冉闵所灭，羯人残余融入汉族。一支出自中亚的石国。历史人物有后赵开国皇帝石勒、后晋开国皇帝石敬瑭。

何——出自隋唐时期的何国（今泽拉夫善河以南）。历史人物有唐朝西域城主何伏帝延。

邸——汉代，大月氏国王邸就郤的后裔入居中原，以王父名为氏，称邸氏。历史人物有北魏徐州大都督邸珍。

十四、鲜卑后裔

　　鲜卑人的前身，是居住在辽河上游的游牧民族东胡。秦末，在匈奴的攻击下，东胡分两路败退，退居乌桓山（今内蒙古自治区罕山）的一支称乌桓，退居鲜卑山（今大兴安岭中北部）的一支称鲜卑。乌桓因帮助袁绍对抗曹操，被曹操所灭。鲜卑则在匈奴衰落后后来居上，并在南北朝时期逐鹿中原，鲜卑慕容氏先后建立了前燕、后燕、西燕、南燕，乞伏氏建立了西秦，秃发氏建立了南凉，拓跋氏先后建立了代国、北魏，宇文氏建立了北周。随后，鲜卑逐渐融入汉族，唐朝皇室就有一半的鲜卑血统。

　　拓跋——出自创建北魏的别部鲜卑拓跋部。

　　长孙——拓跋珪建立北魏后，拓跋珪的长子沙莫雄赐儿子拓跋嵩为长孙氏。历史人物有唐朝吏部尚书长孙无忌。

元——出自北魏王族拓跋氏，孝文帝拓跋宏诏告天下带头改汉姓元，称元宏。历史人物有北周八柱国（指八位柱国大将军）之一元欣、金代诗人元好问。

秃发——鲜卑秃发氏与拓跋氏同源，是拓跋的异译。十六国时期，原本依附于后凉吕光的秃发部首领乌孤，自称大将军、大单于、西平王，建立南凉。历史人物有南凉王秃发利鹿孤。

源——南凉灭亡后，秃发贺率残部投奔北魏，被北魏太武帝赐姓源。历史人物有北魏尚书令源怀、唐朝宰相源干曜。

穆——出自鲜卑八大贵族之一的丘穆陵氏，在孝文帝推动下改汉姓穆。历史人物有北魏太子太傅、使持节（代表皇帝行使地方军政权力）穆亮。

陆——出自鲜卑八大贵族之一的步六孤氏，在孝文帝推动下改汉姓陆。名人有北周大司空陆腾、北齐女官陆令萱。

贺——出自鲜卑八大贵族之一的贺兰（贺赖）氏，在孝文帝推动下改汉姓贺。名人有北魏雍州刺史、骠骑大将军贺拔岳。

贺楼——出自鲜卑八大贵族之一的贺楼氏，在孝文帝推动下改汉姓楼，后来改回贺楼姓。名人有北周秦州刺史贺楼子干、唐朝凤州刺史贺楼行本。

于——出自鲜卑八大贵族之一的勿忸于氏，在孝文帝推动下改汉姓于。历史人物有北周八柱国之一于谨（字思敬）。

嵇——出自鲜卑八大贵族之一的纥奚氏，在孝文帝推动下改汉姓嵇。

尉迟（yù chí）——北魏建立后，鲜卑尉迟部落迅速崛起，后来随孝文帝进入中原，被命名为尉迟姓。历史人物有北周八柱国之一尉迟迥。

尉（yù）——出自鲜卑八大贵族之一的尉迟氏，在孝文帝推动下改汉姓尉。北魏定州刺史尉古真出自该部。

胡——出自鲜卑纥骨氏。北魏永城侯胡泥出自该部。

伊——出自鲜卑伊娄氏。名人有唐朝郓州长史伊明杰。

丘——出自鲜卑丘敦氏、丘乃敦氏。名人有唐朝左武卫大将军丘和。

娄——出自鲜卑是娄氏。南燕徐州刺史娄卢出自该部。

陈——出自鲜卑侯莫陈氏。名人有北魏相州刺史陈提、北周八柱国之一侯莫陈崇。

达奚——北魏献帝的五弟称达奚氏。名人有唐朝吏部侍郎达奚珣。

万俟（mò qí）——出自匈奴，后来融入拓跋鲜卑，万俟部成为北魏十大贵族之一。十六国时期，万俟部落随拓跋鲜卑进入中原，后来以部落为氏。历史人物有北齐太尉万俟普。

盖——出自匈奴卢水胡部中的盖拉氏，后来融入鲜卑，称盖楼氏。在北魏孝文帝改汉姓运动中，改姓盖，后融入汉族。历史人物有唐朝崇贤馆学士（掌管经籍图书、教授太学生的学者）盖文达。

独孤——西晋时期，匈奴屠各部（匈奴休屠王的后裔）主动归附北魏缔造者拓跋珪，成为鲜卑独孤部，并与拓跋部贵族世代联姻，是北魏最初的八部之一。历史人物有北周八柱国之一独孤信。

慕容——出自中部鲜卑慕容大人所属的部落。起源于辽东的"白部鲜卑"，在公元 4 世纪逐鹿中原，一举建立了前燕、后燕、西燕、南燕四个慕容鲜卑国家。后融入汉族，称慕容氏。历史人物有前燕大司马、十六国第一名将慕容恪。

慕——出自慕容氏。融入汉族后，有的慕容氏以慕为姓。名人有元朝刑部侍郎慕完、清朝漕运总督（掌管水道粮运的官员，从一品）慕天颜。

高——后燕皇帝慕容云自称高阳氏后裔，改姓高，是河北省高氏的一大来源。名人有北齐皇帝高洋。

吐谷（yù）浑——慕容鲜卑的分支。西晋时期，鲜卑慕容首领的庶长子因对父亲传位于嫡出的弟弟不满，率部落从东北迁徙到甘肃省，与当地羌人融合，建立了吐谷浑国，后被唐朝征服，衍生出土族。

宇文——出自东部鲜卑宇文部，由匈奴右贤王后裔宇文氏与鲜卑人融合而成，南北朝后期建立北周，统一了北方。历史人物有西魏周公宇文泰、周武帝宇文邕、隋朝上柱国宇文述、唐朝宰相宇文士及。

宇——鲜卑宇文氏的一支简称宇氏，融入汉族。

乞伏——出自陇西鲜卑乞伏部。南北朝时期，乞伏部首领乞伏国仁在陇西称大单于，建立西秦。

斛律（斛）——出自古敕勒斛律部，后融入鲜卑，汉化后简称斛氏。名人有北齐太师斛律金、北齐左丞相斛律光。

米——库莫奚的后人以米为姓。名人有宋朝保顺军节度使米信。

段——出自辽西段部鲜卑。段部鲜卑首领段匹磾，与占据并州（今山西省太原市）的东晋司空刘琨结盟，共讨后赵石勒，被封为幽州刺史、渤海公。后来，段匹磾误杀了刘琨，继而在前燕与后赵夹击下覆灭，其部落融入汉族，以段为姓。名人有东晋幽州刺史段匹磾。

十五、契丹后裔

契丹，是东胡后裔鲜卑的旁支，发迹于老哈河和西拉木伦河流域，崛起于阿保机担任部落首领时期。五代十国时期，阿保机建立契丹国，阿保机的儿子耶律德光改契丹为大辽，曾在北宋时期占领了整个中国北方。北宋后期，大辽国被大金国和北宋联手灭亡。部分契丹人西去中亚建立了西辽，随后伊斯兰化并融入中亚民族；大部分契丹人融入汉族、大金国和蒙古。

耶律——王族遥辇氏，后改姓耶律，由耶律阿保机建立辽国，一度被大金国改姓移剌，元代恢复耶律姓，后来迁往中原的移剌姓契丹人，改姓刘、王、萧、李、黄；迁往云南省的，改姓阿、莽、蒋、杨、李、赵、郭、何、茶。历史人物有蒙古中书令耶律楚材。

萧——与遥辇氏、耶律氏通婚的契丹部落，被契丹要求统统改姓萧。后来，被大金国改姓石抹，元代恢复萧姓。历史人物有临朝摄政二十七年的契丹太后萧绰。

完颜——大辽国被大金国占领后，大金国将完颜姓氏赐给了契丹人。

李——阿保机长子耶律倍被封为东丹王，后投奔后唐，赐姓李，名赞华，其后裔以李为氏。大贺氏酋长率领八部四万三千人投降唐朝，被唐太宗赐姓李。历史人物有唐朝行营节度使、太尉兼侍中李光弼。

十六、氐后裔

氐，是远古时期分布在秦陇巴蜀之间低洼地带的游牧民族。汉武帝时期，被汉军击败的氐人流徙到河西、关中地区。三国时期，氐人处于蜀汉和曹魏之间。魏晋南北朝时期，氐人被汉国、前赵、后赵、前秦强制迁往关东、河北省等地，进而逐鹿中原，人口最多时达到了100万人。氐人先后建立了成汉、前秦、后凉、前仇池国、后仇池国、武都国、阴平国，其后裔多融入汉族。只有一支位于四川省北部、甘肃省东南部的氐人，成为今藏族的一部分，被称为白马藏族，取杨、王、余、田、李、曹等为姓，今有2万余人。

齐——来自关中扶风的氐豪，以齐为姓。其首领齐万年被氐人推举为皇帝，一度逼近长安，后被晋朝镇压，残余部众一万人进入四川省，成为四川省齐氏。

李——一支氐人取姓李。其首领李特、李雄兄弟在绵竹(今四川省德阳市北）发动起义，占领了益州（今成都市），李雄称帝，史称成汉，后来被东晋大司马、都督中外诸军事、假黄钺（代表皇帝亲征）桓温攻克，其后裔称四川省李氏。

苻——来自武都郡（今甘肃省成县以西）、略阳郡（今甘肃省秦安县）的氐人首领蒲洪曾任东晋征北将军、都督河北省诸军事，后来拥众十万，自称三秦王，改姓苻氏，其子苻健定国号大秦，史称前秦。苻健的侄子苻坚统一了北方，后败于淝水，部众融入汉族。

吕——略阳氐人的一支称姓吕。其族人吕光曾是苻坚的大将，在前秦覆灭后建立大凉（史称后凉），定都姑臧（今甘肃省武威市），后来被后秦吞并，部众融入汉族。

杨——略阳清水（今甘肃省清水县）氐帅以杨为氏，后来迁居仇池山（今甘肃省西河县），建立了前仇池国、后仇池国、武都国、阴平国，其后裔融入汉族。历史人物有东晋征西大将军、仇池王杨盛。

十七、羌后裔

羌，是位于殷商西部的一个游牧民族。先秦时期被称为西戎、犬戎、羌。秦汉时期，羌人以青海省为中心，在黄河、赐支河、湟河、雅鲁藏布江来回游荡，部落多达150个，在秦国边境建有义渠国，在新疆建有婼羌国，在西藏建有女国。魏晋时期，烧当羌逐鹿中原，建立大秦（史称后秦），国灭后部众融入汉族。宋代，党项羌占据河西，建立大夏（史称西夏），被蒙古灭亡后，多支部众融入蒙古族、汉族；一支部众南迁四川省木雅，进而逃亡后藏，成为今西藏夏尔巴人和尼泊尔谢尔巴族；一支定居于今四川省阿坝藏族羌族自治州，现代羌族有30多万人。

融入汉族的姓氏主要有：

姚——烧当羌自称"虞舜之苗裔"，以姚为氏。历史名人有后秦皇帝姚兴。

李——党项羌首领拓跋思恭因帮助唐朝将黄巢逐出长安，被唐朝封为夏州节度使、夏国公，赐皇姓李。

赵——宋朝建立后，李思恭的后人、党项首领李继捧率部众五万多帐投奔宋朝，被宋太宗赵匡义任命为彰德军节度使，赐皇姓赵。

嵬（wéi）名——元昊建立大夏后，废掉中原王朝所赐的李姓和赵姓，自号嵬名氏。名人有西夏名将嵬名令公。

姜——古代羌通姜，部分羌族以姜为氏。

冉——冉駹（máng）羌的后裔，以冉为氏。

夫蒙——又作不蒙，后简称蒙氏、马氏。名人有唐朝安西都护夫蒙灵詧（chá，又叫马灵詧）。

弥——出自西羌弥姐氏，原分布于陇西，魏晋时期内迁，后简称弥氏。

雷——出自西羌累姐氏，后简称雷氏，今多居住在陕西省蒲城县东西乡。

王——出自西羌虔人部，又称钳耳部，后改姓王。

井——出自西羌罕、开部，原游牧于河湟地区，后迁居关中、渭北，称罕开氏、罕井氏、井氏。

莫者——出自西羌莫折氏。历史人物有后魏秦州刺史莫折大题、西秦西安太守莫者幼春。

钳耳——出自西羌箝耳氏。历史人物有后魏伏波将军钳耳进。

利非——出自西羌利非氏，又叫荔非氏。历史人物有唐朝宝应节度使荔非元礼。

拓跋——出自"党项八部"之首的拓跋氏。历史人物有党项首领拓跋思恭。

党——党项羌的一支以党为姓。党氏名人有中科院院士、"两弹一星"功臣党鸿辛。

朵——党项羌唐兀部首领剁罗台的后裔，在融入汉族后以朵为姓。